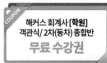

해커스
강경태
파이널
1차 원가관리회계

해커스 경영아카데미

▌이 책의 저자

강경태

학력
연세대학교 경영학과 졸업

경력
현 | 해커스 경영아카데미 교수
　　정성세무회계컨설팅 대표
전 | 삼일회계법인 근무
　　삼일회계법인 교육사업부 외부강사
　　우리경영아카데미 원가관리회계 강사
　　이그잼경영아카데미 원가관리회계 강사

자격증
한국공인회계사, 세무사

저서
해커스 강경태 파이널 1차 원가관리회계
해커스 강경태 CPA 파이널 2차 원가관리회계
원가관리회계 원가회계편(기본서)
원가관리회계 관리회계편(기본서)
객관식 원가관리회계 기출 500제
회계사 2차 원가관리회계 연습서
세무사 2차 원가관리회계 연습서

머리말

본서는 공인회계사·세무사 1차 시험을 위한 최종정리용 교재이다.

[본서의 특징]

1. 공인회계사·세무사 1차 시험에 필요한 내용을 80문제로 구성하였다.

2. 기출문제 및 객관식 원가관리회계와 중복되지 않도록 새롭게 모든 문제를 만들었다.

3. 출제가능성 있는 문제와 최종정리에 도움이 되는 문제 위주로 수록하였다.

4. 문제풀이에 필요한 이론 및 주의할 사항은 POINT에 일목요연하게 정리하였다.

5. 모든 내용 설명과 풀이방법을 원가관리회계 기본서 및 객관식 원가관리회계 교재와 일치시켰다.

[1차 시험 대비 학습 순서]

| 원가관리회계 기본서 | (기본보다 더 중요한 것은 없음, 이론과 예제 참조) |

↓

| 객관식 원가관리회계 기출 500제 | (이론 요약 + 다양한 객관식 문제 학습) |

↓

| 파이널 1차 원가관리회계 | (이론 최종정리 + 최종정리용 객관식 문제 학습) |

[감사의 말씀]

1. 본서에 대한 조언과 교정에 애쓴 전채원 예비세무사와 이성근 세무사에게 고마운 마음을 전한다.

2. 본서의 출간에 노고를 아끼지 않은 해커스 출판사 직원분들에게 감사한 마음을 전한다.

수험생 여러분의 합격을 기원합니다.

강경태

목차

PART 1 원가회계

Topic 1	원가의 분류와 흐름	8
Topic 2	원가배분	15
Topic 3	개별원가계산	19
Topic 4	종합원가계산	22
Topic 5	연산품과 부산물의 원가계산	35
Topic 6	정상원가계산	46
Topic 7	표준원가계산	54
Topic 8	변동원가계산과 초변동원가계산	62
Topic 9	활동기준원가계산	73

PART 2 관리회계

Topic 10   원가추정   84

Topic 11   CVP분석   88

Topic 12   종합예산   106

Topic 13   책임회계와 성과평가   112

Topic 14   관련원가와 단기의사결정   121

Topic 15   자본예산   137

Topic 16   불확실성하의 의사결정   141

Topic 17   가격결정과 대체가격결정   144

Topic 18   전략적 원가관리   150

Topic 19   전략적 성과평가와 보상   162

PART 1
원가회계

TOPIC 1 원가의 분류와 흐름

TOPIC 2 원가배분

TOPIC 3 개별원가계산

TOPIC 4 종합원가계산

TOPIC 5 연산품과 부산물의 원가계산

TOPIC 6 정상원가계산

TOPIC 7 표준원가계산

TOPIC 8 변동원가계산과 초변동원가계산

TOPIC 9 활동기준원가계산

문제 01

본사와 생산공장이 동일 건물에 소재하는 ㈜한국의 5월 중 발생한 비용과 재고자산 자료는 다음과 같다.

<5월 중 발생비용>

직접노무원가	?
공장감독자급여	100,000
기타 제조간접원가	400,000
전기료(공장에 50%, 본사에 50% 배부)	?
감가상각비(공장에 80%, 본사에 20% 배부)	500,000
기타 판매관리비	600,000
합계	?

전기료는 선지급하고 있다. 전기료의 5월 초 선급비용은 ₩70,000이고 5월 말 선급비용은 ₩50,000이며, 5월 중 전기료 지급액은 ₩180,000이다.

<재고자산>

	5월 초	5월 말
직접재료재고	₩300,000	₩100,000
재공품재고	1,000,000	800,000
제품재고	700,000	300,000

㈜한국의 5월 중 직접재료 매입액은 ₩3,200,000이다. 만일 5월 중 매출액이 ₩10,000,000이고, 매출총이익률이 20%라면 5월의 직접노무원가는 얼마인가?

① ₩2,800,000   ② ₩3,000,000   ③ ₩3,200,000

④ ₩3,400,000   ⑤ ₩3,600,000

풀이 제조원가의 흐름 - 종합문제, 추정(1)

(1) 제조간접원가와 판매관리비

	제조간접원가			판매관리비	
공장감독자급여		₩100,000			-
기타 제조간접원가		400,000			-
전기료	200,000* × 50% =	100,000	200,000* × 50% =		₩100,000
감가상각비	500,000 × 80% =	400,000	500,000 × 20% =		100,000
본사의 기타 판매관리비		-			600,000
		₩1,000,000			₩800,000

*

선급비용-(전기료)			
기초	70,000	발생	200,000
지급	180,000	기말	50,000
	250,000		250,000

(2) 직접노무원가 추정

직접노무원가 = x,

재고자산(직접재료 + 재공품 + 제품)			
기초	2,000,000*1	매출원가	8,000,000*3
직접재료매입	3,200,000		
직접노무원가	x		
제조간접원가	1,000,000	기말	1,200,000*2
	x + 6,200,000		9,200,000

*1 기초재고자산재고액 : 300,000 + 1,000,000 + 700,000 = ₩2,000,000

*2 기말재고자산재고액 : 100,000 + 800,000 + 300,000 = ₩1,200,000

*3 매출원가 : 10,000,000 × (1 - 0.2) = ₩8,000,000

x + 6,200,000 = 9,200,000   ∴ x = **₩3,000,000**

정답 ②

별해

(2) 직접노무원가 추정

직접노무원가 = x,

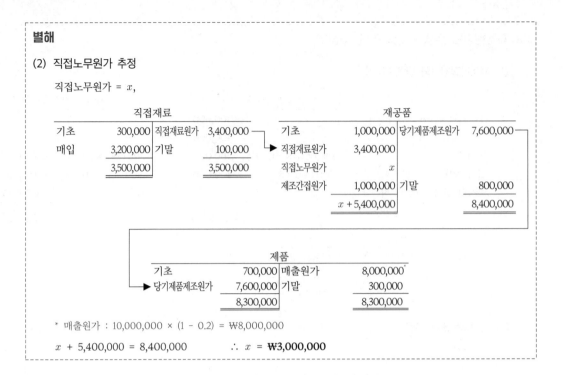

		직접재료		
기초	300,000	직접재료원가	3,400,000	
매입	3,200,000	기말	100,000	
	3,500,000		3,500,000	

		재공품		
기초	1,000,000	당기제품제조원가	7,600,000	
직접재료원가	3,400,000			
직접노무원가	x			
제조간접원가	1,000,000	기말	800,000	
	$x + 5,400,000$		8,400,000	

		제품		
기초	700,000	매출원가	8,000,000*	
당기제품제조원가	7,600,000	기말	300,000	
	8,300,000		8,300,000	

* 매출원가 : 10,000,000 × (1 – 0.2) = ₩8,000,000

$x + 5,400,000 = 8,400,000$ ∴ $x = $ **₩3,000,000**

POINT

1. 제조간접원가와 판매관리비의 구분

구 분	내 용
제조간접원가	제조활동에서 발생하는 원가(공장)로서 직접재료원가와 직접노무원가 이외의 나머지 모든 제조원가*
판매관리비	판매 및 관리활동에서 발생하는 원가(본사, 영업)

* 직접경비는 현실적으로 드물기 때문에 제외할 경우의 정의임

2. 제품원가계산절차

구 분	내 용
당기총제조원가	당기에 제조과정에 투입된 모든 제조원가
당기제품제조원가	당기에 완성된 제품의 제조원가
매출원가	당기에 판매된 제품의 제조원가

3. 풀이법

   (1) 간접재료원가가 존재하거나, 직접재료원가(또는 기본원가)를 구해야 하는 경우
   : 원재료계정 → 재공품계정 → 제품계정

   (2) 간접재료원가가 존재하지 않으면서 직접재료원가(또는 기본원가)를 안 구해도 되는 경우
   : 재고자산계정(원재료 + 재공품 + 제품)

4. 선급비용과 미지급비용의 지급액을 통하여 발생액을 구해야 하는 경우

선급비용				미지급비용			
기초	×××	발생	×××	지급	×××	기초	×××
지급	×××	기말	×××	기말	×××	발생	×××
	×××		×××		×××		×××

→ 지급액은 선급비용계정과 미지급비용계정 차변에 계상, 발생액은 대변에 계상됨

5. 매출액을 통하여 매출원가를 구하는 방법

$$\text{매출원가} = \text{매출액} \times \text{매출원가율}$$
$$= \text{매출액} \times (1 - \text{매출총이익률})$$
$$= \text{매출액} \times \left(\frac{1}{1 + \text{매출원가이익률}} \right)$$

㈜한국의 5월 재고자산 관련 자료는 다음과 같다.

<재고자산>		
	5월 초	5월 말
원재료재고	₩30,000	₩50,000
재공품재고	30,000	80,000
제품재고	?	?

그 밖의 5월 원가자료는 다음과 같다.

- 5월 원재료매입액은 ₩270,000이다.
- 5월 직접재료원가는 ₩200,000이다.
- 5월 1일 미지급노무비는 ₩50,000이고, 5월 31일 미지급노무비는 ₩20,000이며, 5월 중에 지급한 노무비는 ₩180,000이다.
- 노무비의 80%는 생산직 종업원의 임금이다.
- 5월 간접경비는 ₩100,000이다.
- 5월 중에 제품재고액이 ₩30,000 증가하였다.

5월 전환원가와 매출원가는 각각 얼마인가?

	전환원가	매출원가
①	₩300,000	₩370,000
②	330,000	370,000
③	300,000	420,000
④	330,000	420,000
⑤	360,000	420,000

풀이 제조원가의 흐름 - 종합문제, 추정(2)

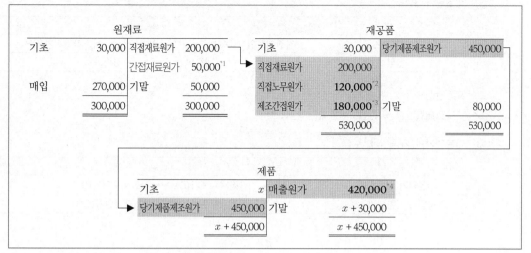

*1 원재료사용액 : 300,000 - 50,000 = ₩250,000

　간접재료원가 : 250,000(원재료사용액) - 200,000(직접재료원가) = ₩50,000

*2 직접노무원가와 간접노무원가

	미지급비용(노무비)		
지급	180,000	기초	50,000
기말	20,000	발생	150,000
	200,000		200,000

　∴ 직접노무원가 : 150,000 × 0.8 = ₩120,000

　간접노무원가 : 150,000 × 0.2 = ₩30,000

*3 제조간접원가 : 50,000(간접재료원가) + 30,000(간접노무원가) + 100,000(간접경비) = ₩180,000

*4 역산(x + 450,000 - x - 30,000 = ₩420,000)

∴ **전환원가** : 120,000(직접노무원가) + 180,000(제조간접원가) = **₩300,000**

　매출원가 : **₩420,000**

정답 ③

POINT

1. 제조원가 3요소

구 분	내 용
이론(당기총제조원가)	직접재료원가(DM) + 직접노무원가(DL) + 제조간접원가(OH)
실무	재료비 + 노무비 + 경비

2. 제조간접원가

   : 간접재료원가 + 간접노무원가 + 간접경비

3. 기본원가와 가공원가

구 분	내 용
기본원가(기초원가)	직접재료원가(DM) + 직접노무원가(DL)
가공원가(전환원가, CC)	직접노무원가(DL) + 제조간접원가(OH)

TOPIC 2 | 원가배분

문제 03

㈜한국은 제조부문(P1, P2)과 보조부문(S1, S2)을 이용하여 제품을 생산하고 있다. 각 부문 간의 용역수수관계와 부문원가는 다음과 같다.

	제조부문		보조부문		합 계
	P1	P2	S1	S2	
부문원가	–	–	₩200,000	₩100,000	₩300,000
S1	40시간	24시간	20시간	16시간	100시간
S2	320kwh	160kwh	320kwh	200kwh	1,000kwh

㈜한국이 상호배분법을 사용하여 보조부문원가를 제조부문에 배분할 경우 P2에 배분될 보조부문원가는?

① ₩140,000　　　　② ₩176,000　　　　③ ₩184,000

④ ₩210,000　　　　⑤ ₩228,000

풀이 보조부문원가의 배분 – 자기부문 소비용역

	제조부문		보조부문	
	P1	P2	S1	S2
배분전원가	–	–	₩200,000	₩190,000
S1(50 : 30 : 20)[*1]	₩150,000	₩90,000	(300,000)[*3]	60,000
S2(40 : 20 : 40)[*2]	100,000	50,000	100,000	(250,000)[*3]
배분후원가	₩250,000	**₩140,000**	₩0	₩0

[*1] P1 : P2 : S2 = 40 : 24 : 16 = 50% : 30% : 20%(자기부문 소비용역을 무시하고 용역제공비율을 계산함)

[*2] P1 : P2 : S1 = 320 : 160 : 320 = 40% : 20% : 40%(자기부문 소비용역을 무시하고 용역제공비율을 계산함)

[*3] S1, S2의 배분할 총원가를 각각 S1, S2라 하면,

S1 = 200,000 + 0.4S2 ⋯ ①

S2 = 190,000 + 0.2S1 ⋯ ②

(②를 ①에 대입하면, S1 = 200,000 + 0.4 × (190,000 + 0.2S1) → 정리하면, 0.92S1 = 276,000)

∴ S1 = ₩300,000,　　S2 = ₩250,000

정답 ①

POINT

1. 보조부문원가의 배분방법

   (1) 보조부문 상호 간의 용역수수관계 고려 정도

방 법	내 용
직접배분법	완전히 무시하고 제조부문에만 배분
단계배분법	배분순서에 따라 단계적으로 배분(배분순서에 따라 결과가 달라짐)
상호배분법	완전히 인식하여 다른 보조부문과 제조부문에 배분(용역제공비율을 백분율로 계산함)

   (2) 배분기준 수

   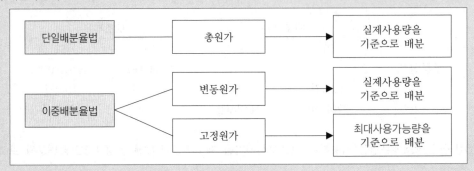

2. 자기부문 소비용역

   보조부문원가는 모두 제조부문에 배분되어야 하므로 용역제공비율을 계산할 때 자기부문 소비용역을 고려하여 계산하나, 무시하고 계산하나 결과는 같음 → 용역제공비율을 계산할 때 자기부문 소비용역을 무시하고 계산함(계산이 더 간단하기 때문)

문제 04

㈜한국은 수선부문과 동력부문의 두 개의 보조부문과 도색부문과 조립부문의 두 개의 제조부문으로 구성되어 있다. ㈜한국은 상호배분법을 사용하여 보조부문의 원가를 제조부문에 배부한다. 20×1년도 보조부문의 용역제공은 다음과 같다.

제공부문	보조부문		제조부문	
	수 선	동 력	도 색	조 립
수 선(시간)	–	400	1,000	600
동 력(kwh)	2,000	–	4,000	4,000

20×1년도 보조부문인 수선부문과 동력부문으로부터 도색부문에 배부된 금액은 ₩100,000이고, 조립부문에 배부된 금액은 ₩80,000이었다. 동력부문의 배부 전 원가는?

① ₩75,000　　　　　② ₩80,000　　　　　③ ₩100,000

④ ₩105,000　　　　　⑤ ₩125,000

....

풀이 보조부문원가의 배분 – 상호배분법, 추정[1]

수선, 동력부문의 배분할 총원가를 각각 X, Y라 하면,

	보조부문		제조부문	
	수 선	동 력	도 색	조 립
배분전원가	?	A	–	–
수선(20 : 50 : 30)	(X)	0.2X	0.5X	0.3X
동력(20 : 40 : 40)	0.2Y	(Y)	0.4Y	0.4Y
배분후원가	₩0	₩0	₩100,000	₩80,000

$0.5X + 0.4Y = 100,000$

$0.3X + 0.4Y = 80,000$　　　　∴ $X = ₩100,000, \quad Y = ₩125,000$

한편, $Y = A + 0.2X \rightarrow 125,000 = A + 0.2 \times 100,000$　　　∴ $A = ₩105,000$

정답 ④

㈜한국은 부문별 원가계산제도를 도입하고 있으며, 20×1년 각 부문간의 용역수수관계는 다음과 같다.

제 공 \ 사 용	보조부문		제조부문	
	A	B	X	Y
A	–	30%	30%	40%
B	20%	–	40%	40%

단계배부법을 이용하여 보조부문원가를 배부할 때 제조부문 X에 배부되는 보조부문원가는 ₩240,000이고, 제조부문 Y에 배부되는 보조부문원가는 ₩260,000일 경우 보조부문 A에 집계된 부문원가는 얼마인가? (단, 보조부문 A부터 배부한다.)

① ₩125,000 ② ₩150,000 ③ ₩175,000

④ ₩200,000 ⑤ ₩225,000

풀이 보조부문원가의 배분 – 단계배분법, 추정[2]

보조부문 A와 B에 집계된 부문원가를 각각 A, B라 하면,

	보조부문		제조부문	
	A	B	X	Y
배부전원가	A	B	–	–
A(30 : 30 : 40)	(A)	0.3A	0.3A	0.4A
B(– : 40 : 40)	–	(0.3A + B)*	0.15A + 0.5B	0.15A + 0.5B
배부후원가	₩0	₩0	₩240,000	₩260,000

* 자기부문원가 B + 선순위 부문(A)으로부터 배분받은 원가 0.3A = 0.3A + B

0.3A + 0.15A + 0.5B = 0.45A + 0.5B = 240,000
0.4A + 0.15A + 0.5B = 0.55A + 0.5B = 260,000   ∴ A = **₩200,000**, B = ₩300,000

정답 ④

TOPIC 3 | 개별원가계산

문제 06

㈜한국은 제조부문(P1, P2)과 보조부문(S1, S2)을 이용하여 주문받은 제품을 생산하고 있으며, 직접노무시간을 기준으로 제조간접원가를 배부하고 있다. 20×1년 원가계산 자료는 다음과 같다.

<부문별 발생원가 및 용역수수관계>

	보조부문		제조부문		합 계
	S1	S2	P1	P2	
부문원가	₩100,000	₩95,000	₩355,000	₩140,000	₩690,000
S1	–	20%	50%	30%	100%
S2	40%	–	40%	20%	100%

<작업별 원가계산자료>

	#101	#102	#103	합 계
기초재공품원가	₩200,000	–	–	₩200,000
당기총제조원가				
직접재료원가	₩300,000	₩500,000	₩400,000	₩1,200,000
직접노무원가	₩200,000	₩400,000	₩300,000	₩900,000
제조간접원가	?	?	?	?
P1 직접노무시간	60시간	90시간	100시간	250시간
P2 직접노무시간	40시간	120시간	50시간	210시간
	100시간	210시간	150시간	460시간

20×1년도에 작업 #101과 #102는 완성되었고, 그 중 #101은 고객에게 판매되었다. 작업 #103은 20×1년도 말 현재 작업이 진행 중이며 미완성 상태이다. ㈜한국의 20×1년 매출원가는 공장전체 제조간접원가배부율을 적용할 경우와 부문별 제조간접원가배부율을 적용할 경우 각각 얼마인가? (단, ㈜한국은 상호배분법을 사용하여 보조부문원가를 배분한다.)

	공장전체 제조간접원가배부율	부문별 제조간접원가배부율
①	₩850,000	₩855,200
②	875,000	855,200
③	850,000	942,000
④	875,000	942,000
⑤	1,215,000	1,192,800

풀이 개별원가계산 - 종합문제

(1) 공장전체 제조간접원가배부율 적용

1) 공장전체 제조간접원가배부율 : $\dfrac{690,000}{460시간}$ = @1,500

2) 매출원가(#101의 제조원가)

: 200,000 + 300,000 + 200,000 + 100시간 × 1,500 = **₩850,000**

(2) 부문별 제조간접원가배부율 적용

1) 보조부문원가의 배분 및 부문별 제조간접원가배부율

	보조부문		제조부문	
	S1	S2	P1	P2
배분전원가	₩100,000	₩95,000	₩355,000	₩140,000
S1(20 : 50 : 30)	(150,000)*	30,000	75,000	45,000
S2(40 : 40 : 20)	50,000	(125,000)*	50,000	25,000
부문별 제조간접원가	₩0	₩0	₩480,000	₩210,000
부문별 직접노무시간			÷ 250시간	÷ 210시간
부문별 제조간접원가배부율			@1,920	@1,000

* S1, S2의 배분할 총원가를 각각 S1, S2라 하면,

S1 = 100,000 + 0.4S2 ⋯ ①

S2 = 95,000 + 0.2S1 ⋯ ②

(②를 ①에 대입하면, S1 = 100,000 + 0.4 × (95,000 + 0.2S1) → 정리하면, 0.92S1 = 138,000)

∴ S1 = ₩150,000,　S2 = ₩125,000

2) 매출원가(#101의 제조원가)

: 200,000 + 300,000 + 200,000 + (60시간 × 1,920 + 40시간 × 1,000) = **₩855,200**

정답 ①

POINT

1. 개별원가계산의 의의

   제품원가를 개별작업별로 집계하는 원가계산제도를 말하며, 고객의 주문에 따라 서로 다른 제품을 생산하는 소량주문생산 형태의 기업에 적용됨

2. 개별원가계산의 절차

공장전체 제조간접원가배부율 적용	부문별 제조간접원가배부율 적용
부문원가의 집계 불필요	① 부문원가의 집계 필요
↓	↓
보조부문원가의 배분 불필요	② 보조부문원가의 배분 필요
↓	↓
① 공장전체 제조간접원가배부율 계산	③ 부문별 제조간접원가배부율 계산
↓	↓
② 작업별 제조원가 계산	④ 작업별 제조원가 계산
(공장전체적으로 제조간접원가배부 1번)	(제조부문별로 제조간접원가배부)

부문별 제조간접원가배부율 계산과 제조간접원가배부 시 배부기준은 해당 제조부문의 조업도임(예를 들어 기계부문의 배부기준이 기계시간이고, 조립부문의 배부기준이 직접노무시간이라고 할 경우, 기계부문의 배부기준은 기계부문의 기계시간을 의미하고, 조립부문의 배부기준은 조립부문의 직접노무시간을 의미함)

문제 07

㈜한국은 단일공정에서 단일제품을 대량생산하고 있으며 종합원가계산을 사용하고 있다. 직접재료는 공정 초에 전량 투입되며, 가공원가는 공정 전반에 걸쳐 균등하게 발생한다. 20×1년 생산자료는 다음과 같다.

[물량자료]

구 분	물 량(가공원가완성도)
기초재공품	100개 (30%)
당기착수	?개
당기완성	2,000개
기말재공품	200개 (40%)

[원가자료]

구 분	직접재료원가	가공원가
기초재공품원가	₩19,000	₩13,400
당기투입원가	630,000	205,000
계	₩649,000	₩218,400

평균법과 선입선출법에 의한 기말재공품원가는 각각 얼마인가? (단, 생산과정 중 공손이나 감손은 발생하지 않는다.)

	평균법	선입선출법
①	₩57,400	₩58,000
②	₩57,400	₩68,000
③	₩67,400	₩58,000
④	₩67,400	₩68,000
⑤	₩74,400	₩75,000

풀이 종합원가계산 – 평균법과 선입선출법 비교

평균법

[1] 물량흐름				[2] 총완성품환산량	
				재료원가(0%)	가공원가
기초	100	완성	2,000	2,000	2,000
당기	2,100	기말	200 (0 ~ 40%)	200	80
	2,200		2,200	2,200개	2,080개

[3] 총원가	₩649,000	₩218,400
	÷2,200개	÷2,080개
[4] 가중평균단가	@295	@105

[5] 원가배분
기말재공품　　　　　　200개 × 295　+　80개 × 105　= **₩67,400**

선입선출법

	[2] 당기완성품환산량	
	재료원가(0%)	가공원가
	2,100개	2,050개
[3] 당기투입원가	₩630,000	₩205,000
	÷2,100개	÷2,050개
[4] 당기단가	@300	@100

[5] 원가배분
기말재공품　　　　　　200개 × 300　+　80개 × 100　= **₩68,000**

* 당기완성품환산량(= 총완성품환산량 – 기초재공품의 완성품환산량)
　재료원가 : 2,200개 – 100개 × 100% = 2,100개
　가공원가 : 2,080개 – 100개 × 30% = 2,050개

정답 ④

POINT

1. 종합원가계산의 의의

   제품원가를 제조공정별로 집계하는 원가계산제도를 말하며, 동종의 제품을 반복 생산하는 대량연속생산 형태의 기업에 적용됨

2. 종합원가계산의 절차(5단계)

구 분		평균법	선입선출법
[1단계] 물량흐름의 요약		기초재공품수량 + 당기착수량 = 완성품수량 + 기말재공품수량	기초재공품수량 + 당기착수량 = 기초재공품완성품수량 + 당기착수완성품수량 + 기말재공품수량
[2단계] 완성품환산량 계산 (= 물량 × 완성도)		총완성품환산량[*1] (물량 × 원가의 총투입정도)	당기완성품환산량 (물량 × 원가의 당기투입정도)
[3단계] 배분할 원가 요약		총원가 (기초재공품원가 + 당기투입원가)	당기투입원가
[4단계] 환산량 단위당 원가 계산		가중평균단가	당기단가
[5단계] 원가배분	완성품원가	완성품수량[*2] × 4단계	기초재공품원가 + 완성품의 2단계 × 4단계
	기말재공품원가	기말재공품의 2단계[*3] × 4단계	기말재공품의 2단계[*3] × 4단계

*1 총완성품환산량 = 완성품수량 + 기말재공품의 완성품환산량

*2 평균법은 완성품의 완성품환산량이 완성품수량과 일치함

*3 기말재공품의 완성품환산량은 평균법과 선입선출법이 같음

3. 완성품환산량 비교

당기완성품환산량 = 총완성품환산량 − 기초재공품의 완성품환산량

4. 기초재공품의 완성품환산량

   : 기초재공품수량 × 원가의 전기투입정도 = 기초재공품수량 − 기초재공품의 당기완성품환산량

문제 08

㈜한국은 종합원가계산제도를 채택하고 있다. 원재료는 공정 초기에 전량 투입되며, 전환원가는 공정 전반에 걸쳐서 균등하게 발생한다. 재료원가의 경우 평균법에 의한 완성품환산량은 50,000단위이고, 선입선출법에 의한 완성품환산량은 40,000단위이다. 또한 전환원가의 경우 평균법에 의한 완성품환산량은 47,000단위이고, 선입선출법에 의한 완성품환산량은 39,000단위이다. 기초재공품의 진척도는 몇 %인가?

① 20%   ② 30%   ③ 50%

④ 70%   ⑤ 80%

풀이 평균법과 선입선출법의 완성품환산량 비교

(1) 기초재공품의 재료원가 완성품환산량(= 기초재공품수량)

: 50,000단위(평균법 재료원가 완성품환산량) - 40,000단위(선입선출법 재료원가 완성품환산량) = 10,000단위

(2) 기초재공품의 전환원가 완성품환산량

: 47,000단위(평균법 전환원가 완성품환산량) - 39,000단위(선입선출법 전환원가 완성품환산량) = 8,000단위

(3) 기초재공품의 전환원가완성도(= 진척도)

: 8,000단위(기초재공품의 전환원가 완성품환산량) ÷ 10,000단위(기초재공품수량) = **80%**

정답 ⑤

POINT

당기완성품환산량 = 총완성품환산량 - 기초재공품의 완성품환산량

→ 기초재공품의 완성품환산량 = 총완성품환산량 - 당기완성품환산량

㈜한국은 종합원가계산을 사용하고 있다. 전환원가는 공정 전반에 걸쳐 균등하게 발생한다. 20×1년 제2공정의 생산자료는 다음과 같다.

구 분	물 량(진척도)	전공정원가	전환원가
기초재공품	2,000개(?)	₩500,000	₩360,000
당기착수량	9,000개	2,700,000	4,350,000
당기완성량	8,000개		
기말재공품	3,000개(50%)		

만일 선입선출법에 의한 기말재공품원가가 ₩1,650,000이라면 기초재공품의 진척도는 얼마인가?

① 20% ② 30% ③ 40%

④ 50% ⑤ 60%

풀이 종합원가계산 - 추정

기초재공품의 진척도 = x,

선입선출법

		[1] 물량흐름		[2] 당기완성품환산량	
				전공정원가(0%)	제조원가
기초	2,000	완성	2,000 (x ~ 100%)	0	1,200*
		8,000	6,000	6,000	6,000
당기	9,000	기말	3,000 (0 ~ 50%)	3,000	1,500
	11,000		11,000	9,000개	8,700개*

[3] 당기투입원가   ₩2,700,000   ₩4,350,000

                          ÷ 9,000개   ÷ 8,700개*

[4] 당기단가   @300   @500*

[5] 원가배분

기말재공품   3,000개 × 300   +   1,500개 × 500*   = ₩1,650,000

* 5단계에서부터 역산

∴ 기초재공품의 당기진척도 : 1,200개 ÷ 2,000개 = 60%

    기초재공품의 (전기)진척도 : 100% - 60% = **40%**

정답 ③

POINT

전공정원가란 ① 후속공정에 대체되는 앞 공정의 완성품원가를 말하며, ② 투입시기에 관하여 별도 언급이 없는 경우에는 공정 초기에 전량 투입되는 것으로 간주함

㈜한국은 평균법으로 종합원가계산을 적용하고 있다. 원재료는 공정 초기에 전량 투입되며, 전환원가는 공정 전반에 걸쳐서 균등하게 발생한다. 20×1년 물량자료는 다음과 같다.

구 분	물 량(완성도)
기초재공품	20,000개 (60%)
당기착수	100,000개
완성품	90,000개
기말재공품	15,000개 (50%)

품질검사는 완성도 40%시점에서 실시하며, 정상공손허용률은 10%이다. 검사시점 통과기준과 도달기준을 각각 적용할 때 비정상공손수량은 몇 개인가?

	통과기준	도달기준
①	4,500단위	6,000단위
②	5,000단위	6,500단위
③	5,500단위	4,000단위
④	6,000단위	4,500단위
⑤	6,500단위	5,000단위

풀이 종합원가계산 - 정상공손수량과 비정상공손수량 파악

[정상공손수량과 비정상공손수량]

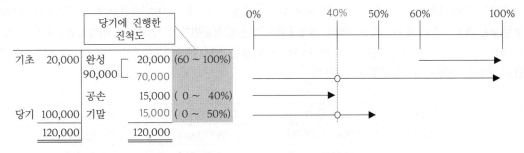

(1) 통과기준

┌ 정상공손수량   : (70,000단위 + 15,000단위) × 10% = 8,500단위
└ 비정상공손수량 : 15,000단위 - 8,500단위 = **6,500단위**

(2) 도달기준

┌ 정상공손수량   : (70,000단위 + 15,000단위 + 15,000단위) × 10% = 10,000단위
└ 비정상공손수량 : 15,000단위 - 10,000단위 = **5,000단위**

정답 ⑤

POINT

1. 정상공손수량과 비정상공손수량의 파악

구 분		내 용
통과기준 (합격품기준)	정상공손수량	당기합격품수량 × 정상공손허용률(%)
	비정상공손수량	총공손수량 - 정상공손수량
도달기준	정상공손수량	(당기합격품수량 + 당기공손품수량) × 정상공손허용률(%)
	비정상공손수량	총공손수량 - 정상공손수량

2. 당기합격품수량
   ① 원가흐름의 가정(평균법, 선입선출법)과 관계없이 계산
   ② 실제 물량흐름(기초재공품이 먼저 완성되는 것으로 봄)에 따라서 계산
   ③ 모든 공손은 당기착수량에서만 발생하는 것으로 가정하고 계산

㈜한국은 선입선출법에 의한 종합원가계산을 적용하여 제품원가를 계산하고 있다. 원재료는 공정 초에 전량 투입되고, 전환원가는 공정 전반에 걸쳐 균등하게 발생한다. 공정의 80% 시점에서 품질검사를 실시하며, 정상공손 허용수준은 합격품의 5%이다. 정상공손원가는 합격품원가에 가산되고, 비정상공손원가는 기간비용으로 처리된다. 공손품은 개당 ₩40에 처분한다. 다음은 20×1년 공정의 생산 및 원가자료이다. 단, 괄호 안의 숫자는 전환원가완성도를 의미한다.

구 분	물량단위	직접재료원가	전환원가
기초재공품	1,000개 (70%)	₩37,000	₩56,000
당기착수	7,000개	350,000	630,000
완성품	6,000개		
기말재공품	1,500개 (40%)		

㈜한국의 20×1년 완성품 단위당 원가는 얼마인가?

① ₩150 ② ₩160 ③ ₩170

④ ₩180 ⑤ ₩190

풀이 종합원가계산 – 정상공손원가배분, 공손의 처분가치

[정상공손수량과 비정상공손수량]

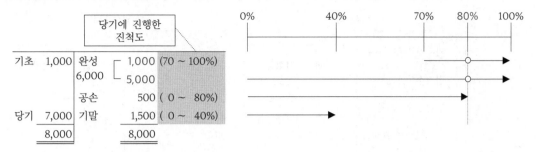

$$\therefore \quad \begin{array}{l} \text{정상공손수량 : } 6,000\text{개} \times 5\% = 300\text{개} \\ \text{비정상공손수량 : } 500\text{개} - 300\text{개} = 200\text{개} \end{array}$$

선입선출법

[1] 물량흐름			[2] 당기완성품환산량	
			재료원가(0%)	전환원가
기초 1,000	완성 6,000	1,000 (70 ~ 100%)	0	300
		5,000	5,000	5,000
	정공	300 (0 ~ 80%)	300	240
	비공	200 (0 ~ 80%)	200	160
당기 7,000	기말	1,500 (0 ~ 40%)	1,500	600
8,000		8,000	7,000개	6,300개

[3] 당기투입원가	₩350,000	₩630,000
	÷ 7,000개	÷ 6,300개
[4] 당기단가	@50	@100

[5] 원가배분

정상공손 $\qquad 300\text{개} \times 50 + 240\text{개} \times 100 - 300\text{개} \times 40 = ₩27,000$

완성품 $\qquad 93,000^{*1} + 5,000\text{개} \times 50 + 5,300\text{개} \times 100 + 27,000^{*2} = ₩900,000$

*1 기초재공품원가 : 37,000 + 56,000 = ₩93,000

*2 기말재공품이 검사를 통과하지 않았으므로(즉, 완성품만이 당기합격품수량이므로) 정상공손원가를 완성품에만 배분한다.

$$\therefore \quad \text{완성품 단위당 원가 : } \frac{900,000}{6,000\text{개}} = @150$$

정답 ①

POINT

1. 정상공손원가배분

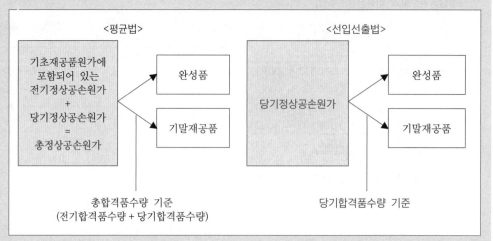

2. 공손의 처분가치

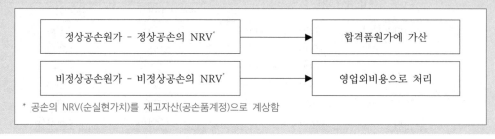

20×1년 초에 설립된 ㈜한국은 A, B 두 종류의 제품을 생산하고 있다. A제품은 작업공정 1, 2를 통과하여 완성되고, B제품은 작업공정 1, 2, 3을 통과하여 완성된다. 원재료는 작업공정 1의 초기에 전량 투입되고, 각 작업공정의 가공원가는 공정 전반에 걸쳐서 균등하게 발생한다. 20×1년 중 발생한 작업공정별 가공원가 자료는 다음과 같다.

	작업공정 1	작업공정 2	작업공정 3
직접노무원가	₩520,000	₩400,000	₩50,000
제조간접원가	200,000	140,000	10,000
	₩720,000	₩540,000	₩60,000

한편, 20×1년 중 발생한 각 제품별 직접재료원가는 다음과 같다.

	직접재료원가
A제품	₩430,000
B제품	390,000
	₩820,000

20×1년에 A제품 2,300개와 B제품 800개가 최종 완성되었고, 20×1년 말 현재 B제품 500개가 작업공정 3에서 기말재공품(가공원가완성도 80%)으로 남아 있다. 각 작업공정에서 생산되는 제품은 모두 동일한 가공과정을 거친다고 가정한다. 이때 20×1년 말 기말재공품원가는 얼마인가? (단, 회사는 평균법에 의하여 재고자산을 평가한다.)

① ₩345,000   ② ₩360,000   ③ ₩375,000
④ ₩390,000   ⑤ ₩410,000

풀이 작업공정별 원가계산 - 재공품이 있는 경우

(1) 작업공정별 단위당 가공원가

	작업공정 1	작업공정 2	작업공정 3
가공원가	₩720,000	₩540,000	₩60,000
가공원가 완성품환산량	÷ 3,600개[1]	÷ 3,600개[1]	÷ 1,200개[2]
단위당 가공원가	@200	@150	@50

[1] 2,300개 + 800개 + 500개 = 3,600개
[2] 800개 + 500개 × 0.8 = 1,200개

(2) 기말재공품원가

$$: \underbrace{390,000 \times 500개 / 1,300개}_{직접재료원가} + \underbrace{500개 \times (200 + 150) + 500개 \times 0.8 \times 50}_{가공원가} = ₩345,000$$

정답 ①

POINT

1. **작업공정별 원가계산(operation costing)**
   직접재료원가는 제품별로 직접 추적하여 집계하고(개별원가계산방식), 가공원가는 작업공정별로 집계(제조원가를 작업공정별로 집계하는 경우도 있음)하여 그 작업공정을 통과한 산출량을 기준으로 각 제품에 배부하는(종합원가계산방식) 원가계산제도

2. **가공원가 배부기준인 산출량의 의미**
   ① 산출량은 재공품이 없는 경우에는 생산량이지만, 재공품이 있는 경우에는 가공원가 완성품환산량임
   ② 각 작업공정에서는 모든 제품이 동일한 양의 자원을 소비하면서 동일한 가공과정을 거친다고 가정하므로 제품의 종류를 구분하지 않고 계산함

TOPIC 5 │ 연산품과 부산물의 원가계산

문제 13

㈜한국은 동일한 원재료를 투입하여 결합제품 A와 B를 생산하고 있다. 20×1년에 결합공정에서 원재료 800개를 투입하여 A 500개와 B 300개를 생산하는데 ₩80,000의 제조원가가 발생하였다. A는 총 ₩50,000의 추가가공원가를 투입하여 모두 추가가공을 거친 후에 판매되었으며, B는 분리점에서 개당 ₩200에 판매되었다. ㈜한국은 순실현가치법에 의하여 결합원가를 배분하고 있다. 만일 20×1년에 B에 배분된 결합원가가 ₩32,000이라면 A의 매출총이익률은 얼마인가? (단, 회사는 재공품과 제품재고를 보유하지 않는다.)

① 15% ② 20% ③ 25%
④ 30% ⑤ 35%

- -

풀이 결합원가배분 – 순실현가치법, 추정(1)

[흐름도]

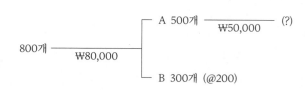

(1) A의 최종판매가치와 총제조원가(번호 순으로 구함)

	NRV		배분비율	결합원가배분액	개별원가	총제조원가
A	⑥ 140,000 – 50,000 =	⑤ ₩90,000	60%	① ₩48,000	₩50,000	② ₩98,000
B	300개 × 200 =	60,000	③ 40	32,000	–	32,000
		④ ₩150,000	100%	₩80,000	₩50,000	₩130,000

① 80,000 – 32,000 = ₩48,000

② 48,000 + 50,000 = ₩98,000

③ 32,000 ÷ 80,000 = 0.4

④ 60,000 ÷ 0.4 = ₩150,000

⑤ 150,000 – 60,000 = ₩90,000

⑥ 90,000 + 50,000 = ₩140,000

(2) A의 매출총이익률 : $\dfrac{140,000 - 98,000}{140,000}$ = **30%**

정답 ④

POINT 결합원가의 배분방법

방 법	내 용
물량기준법	• 분리점에서의 물량을 기준으로 결합원가를 배분하는 방법
분리점에서의 판매가치법	• 분리점에서의 상대적 판매가치(생산량 × 단위당 판매가격)를 기준으로 결합원가를 배분하는 방법
순실현가치법	• 분리점에서의 순실현가치(최종판매가치 – 추가가공원가 – 판매비)를 기준으로 결합원가를 배분하는 방법 • 결합원가만이 이익을 창출하고, 개별원가는 이익을 창출하지 못한다고 보는 문제점이 있음
균등매출총이익률법	• 개별제품의 매출총이익률이 모두 동일하도록 결합원가를 배분하는 방법

배분방법 모두 결합공정의 생산량을 기준으로 배분기준을 계산함

문제 14

㈜한국은 20×1년에 결합제품 A, B, C를 생산하면서 결합원가 ₩100,000이 발생하였다. 각 제품에 대한 자료는 다음과 같다. 균등매출총이익률법을 적용할 때 결합제품 B의 추가가공원가는 얼마인가?

제 품	생산량	추가가공 후 단위당 판매가격	추가가공원가 (총액)	판매비 (총액)	결합원가배부액
A	200	₩300	₩10,000	₩3,000	₩35,000
B	250	400	?	5,000	?
C	100	400	15,000	-	?

① ₩25,000   ② ₩27,500   ③ ₩30,000

④ ₩32,500   ⑤ ₩35,000

. . . .

풀이 결합원가배분 - 균등매출총이익률법, 추정[2]

	① 최종판매가치		매출총이익	개별원가	결합원가배분액
A	200 × 300 =	₩60,000	② ₩15,000	₩10,000	₩35,000
B	250 × 400 =	100,000	④ 25,000	⑦ 25,000	⑥ 50,000
C	100 × 400 =	40,000	④ 10,000	15,000	⑤ 15,000
		₩200,000			₩100,000

③ 평균매출총이익률 : $\dfrac{15,000}{60,000}$ = 25%

② 매출총이익 : 60,000(최종판매가치) - 35,000(결합원가) - 10,000(개별원가) = ₩15,000

⑥ 100,000 - 35,000 - 15,000 = ₩50,000

⑦ 100,000 - 25,000 - 50,000 = ₩25,000

정답 ①

POINT

1. 균등매출총이익률법의 절차

   [1단계] 개별제품의 최종판매가치와 최종판매가치합계를 계산한다.

   [2단계] 매출총이익합계를 계산한다.

   > 매출총이익합계 = 최종판매가치합계 − 결합원가합계 − 개별원가합계

   [3단계] 기업전체의 평균매출총이익률을 계산한다.

   $$평균매출총이익률 = \frac{매출총이익합계}{최종판매가치합계}$$

   [4단계] 개별제품의 매출총이익을 계산한다.

   > 개별제품의 매출총이익 = 최종판매가치 × 평균매출총이익률

   [5단계] 개별제품의 결합원가배분액을 계산한다.

   > 결합원가배분액 = 최종판매가치 − 매출총이익 − 개별원가

2. 판매비

   ① 순실현가치법 : NRV는 판매비를 차감하고 계산함
   ② 균등매출총이익률법 : 매출총이익은 판매비를 차감하지 않고 계산함

문제 15

㈜한국은 선입선출법에 의한 종합원가계산방법을 사용하고 있으며, 결합공정에서 연산품 A와 B를 생산하고 있다. 20×1년 결합공정의 기초재공품원가는 ₩1,900이고, 당기투입 직접재료원가는 ₩6,000, 가공원가는 ₩3,500이다. 결합공정에서 직접재료원가는 공정 초기에 전량 투입되고, 가공원가는 공정 전반에 걸쳐 균등하게 발생한다. 결합공정의 기초재공품은 200톤(가공원가완성도 : 40%)이고, 완성품은 700톤(연산품 A : 300톤, 연산품 B : 400톤), 기말재공품은 100톤(가공원가완성도 : 80%)이다. 공손과 감손은 없다. 연산품 A와 B의 판매가격 및 추가가공원가에 관한 자료는 다음과 같다.

구 분	연산품 A	연산품 B
톤당 최종판매가격	₩100	₩45
톤당 추가가공원가	60	–

순실현가치법에 의하여 결합원가를 배분할 경우 연산품 A에 배분되는 결합원가는 얼마인가?

① ₩3,500　　　　　② ₩3,750　　　　　③ ₩4,000

④ ₩4,250　　　　　⑤ ₩4,500

풀이 종합원가계산과 결합원가배분

(1) 결합공정의 완성품원가

<table>
<tr><td colspan="2"></td><td colspan="2" align="center">선입선출법</td></tr>
<tr><td colspan="2" align="center">[1] 물량흐름</td><td colspan="2" align="center">[2] 당기완성품환산량</td></tr>
<tr><td colspan="2"></td><td align="center">재료원가(0%)</td><td align="center">가공원가</td></tr>
<tr><td>기초 200</td><td>완성 200 (40 ~ 100%)
700</td><td align="center">0</td><td align="center">120</td></tr>
<tr><td></td><td>500</td><td align="center">500</td><td align="center">500</td></tr>
<tr><td>당기 600</td><td>기말 100 (0 ~ 80%)</td><td align="center">100</td><td align="center">80</td></tr>
<tr><td>800</td><td>800</td><td align="center">600톤</td><td align="center">700톤</td></tr>
<tr><td colspan="2">[3] 당기투입원가</td><td align="center">₩6,000</td><td align="center">₩3,500</td></tr>
<tr><td colspan="2"></td><td align="center">÷600톤</td><td align="center">÷700톤</td></tr>
<tr><td colspan="2">[4] 당기단가</td><td align="center">@10</td><td align="center">@5</td></tr>
<tr><td colspan="2">[5] 원가배분</td><td></td><td></td></tr>
<tr><td colspan="2">완성품</td><td colspan="2" align="center">1,900 + 500톤 × 10 + 620톤 × 5 = ₩10,000</td></tr>
</table>

(2) 결합원가배분

<table>
<tr><td></td><td align="center">NRV</td><td></td><td align="center">배분비율</td><td align="center">결합원가배분액</td></tr>
<tr><td>A</td><td align="right">300톤 × (100 - 60) =</td><td align="right">₩12,000</td><td align="center">40%</td><td align="center">**₩4,000**</td></tr>
<tr><td>B</td><td align="right">400톤 × 45 =</td><td align="right">18,000</td><td align="center">60</td><td align="center">6,000</td></tr>
<tr><td></td><td></td><td align="right">₩30,000</td><td align="center">100%</td><td align="center">₩10,000*</td></tr>
</table>

* 결합공정의 완성품원가

정답 ③

POINT

결합공정의 제조원가보고서(5단계) 작성 → 완성품원가가 결합원가가 됨

문제 16

㈜한국은 결합공정에 의해 주산물 A, B와 부산물 C를 생산하고 있다. 결합원가의 배분은 순실현가치법을 사용하고, 부산물은 생산기준법에 의하여 회계처리한다. 20×1년에 결합공정에서 발생한 직접재료원가는 ₩30,000이고 전환원가는 ₩20,000이다. 20×1년도 주산물과 부산물의 생산 및 판매자료는 다음과 같다.

	기초제품수량	생산량	기말제품수량	단위당 판매가격
A	200개	2,000개	300개	₩30
B	100	1,000	200	40
C	40	500	20	?

주산물 A에 배분된 결합원가가 ₩28,200일 경우 부산물 C의 단위당 판매가격은 얼마인가?

① ₩3　　　　　　② ₩4　　　　　　③ ₩5

④ ₩6　　　　　　⑤ ₩7

풀이 부산물의 회계처리

(1) 주산물에 배분될 결합원가

	NRV[*1]		배분비율	결합원가배분액
A	2,000개 × 30 =	₩60,000	60%	₩28,200
B	1,000개 × 40 =	40,000	40	
		₩100,000	100%	₩47,000[*2]

*1 주산물의 NRV는 분리점에서의 생산량(결합공정의 생산량)을 기준으로 계산함

*2 주산물에 배분될 결합원가 : 28,200 ÷ 0.6 = ₩47,000

(2) 부산물의 순실현가치(= 결합원가 – 주산물에 배분될 결합원가)

: (30,000 + 20,000) – 47,000 = ₩3,000

(3) 부산물의 단위당 판매가격 : $\dfrac{3,000}{500개}$ = @6

정답 ④

1. 생산기준법

   부산물의 생산시점에서 부산물의 순실현가치를 결합원가에서 차감하여 재고자산(부산물계정)으로 인식하는 방법

주산물에 배분될 결합원가 = 결합원가 – 부산물의 순실현가치

2. 판매기준법

   부산물의 생산시점에서는 아무런 회계처리를 하지 않고(부산물을 재고자산으로 인식하지 않음), 판매시점에서 부산물의 순수익(판매가액에서 판매비를 차감)을 잡이익으로 처리하는 방법

주산물에 배분될 결합원가 = 결합원가

문제 17

㈜한국은 A, B, C의 세 가지 결합제품을 생산하고 있으며, 결합원가는 분리점에서의 상대적 판매가치에 의해 배분한다. 수익 및 원가자료는 다음과 같다.

	A	B	C	합 계
결합원가	?	₩10,000	?	₩100,000
분리점에서의 판매가치	₩80,000	?	?	200,000
추가가공원가	3,000	12,000	₩25,000	
추가가공 후 판매가치	85,000	42,000	120,000	

㈜한국이 위 결합제품을 전부 판매할 경우에 예상되는 최대 매출총이익은 얼마인가? (단, 결합공정 및 추가가공과정에서 재공품은 없는 것으로 가정한다.)

① ₩60,000　　　　　② ₩105,000　　　　　③ ₩107,000

④ ₩112,000　　　　　⑤ ₩115,000

풀이 추가가공여부 의사결정

(1) B와 C의 분리점에서의 판매가치

	분리점에서의 판매가치	배분비율	결합원가배분액
A	₩80,000		
B	② 20,000	① 10%	₩10,000
C	③ 100,000		
	₩200,000	100%	₩100,000

① 10,000 ÷ 100,000 = 10%

② 200,000 × 10% = ₩20,000

③ 200,000 - 80,000 - 20,000 = ₩100,000

(2) 추가가공여부

[각 제품 추가가공 시 증분이익]

관련항목	금 액		
	A	B	C
(+) 매출액 증가*	₩5,000	₩22,000	₩20,000
(-) 추가가공원가 증가	(3,000)	(12,000)	(25,000)
	₩2,000	₩10,000	₩(5,000)
	유리	유리	불리

* 추가가공 후 판매가치 - 분리점에서의 판매가치

(3) 최대 매출총이익

: (85,000 + 42,000 + 100,000) - (100,000 + 3,000 + 12,000) = **₩112,000**

정답 ④

POINT

1. 추가가공여부 의사결정 - 증분접근법 형식

   [추가가공 시 증분이익]

관련항목	금 액		계산내역
(+) 매출액 증가*	×××	=	
(−) 추가가공원가 증가	(×××)	=	
	×××		

   * 생산량(판매량) × (추가가공 후 단위당 판매가격 − 분리점에서의 단위당 판매가격)

   증분이익 > 0 → 추가가공 후 판매하는 것이 유리
   증분이익 < 0 → 분리점에서 판매하는 것이 유리

2. 주의할 해석
   ① 결합제품을 전부 판매할 경우의 매출총이익을 물어보았으므로 결합원가배분은 불필요함
   ② 최대 매출총이익이란 분리점에서 판매하는 것이 유리한 제품은 분리점에서 판매하고, 추가가공이
      유리한 제품은 추가가공 후 판매할 경우의 매출총이익을 의미함

문제 18

㈜한국은 정상개별원가계산을 사용하며, 기계시간을 기준으로 하여 제조간접원가를 부문별로 배부하고 있다. 20×1년 부문별 예산자료는 다음과 같다.

	예정기계시간	제조간접원가예산
A부문	3,000시간	₩60,000
B부문	?	80,000

20×1년 실제 발생한 제조간접원가는 ₩160,000이고, 실제기계시간은 A부문이 2,500시간, B부문이 1,800시간이다. 20×1년 제조간접원가 과소배부액이 ₩20,000일 경우 B부문의 예정기계시간은?

① 1,400시간   ② 1,500시간   ③ 1,600시간

④ 1,700시간   ⑤ 1,800시간

풀이 제조간접원가 배부차이 - 추정

(1) 부문별 제조간접원가 예정배부율

┌─ A부문 : 60,000 ÷ 3,000시간 = @20
└─ B부문 : 80,000 ÷ ? = ?

(2) B부문 제조간접원가 예정배부율 추정(제조간접원가 배부차이를 이용)

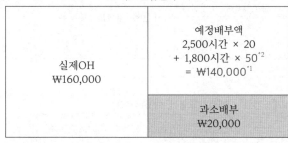

제조간접원가

| 실제OH
₩160,000 | 예정배부액
2,500시간 × 20
+ 1,800시간 × 50[*2]
= ₩140,000[*1] |
| | 과소배부
₩20,000 |

*1 160,000 - 20,000 = ₩140,000
*2 (140,000 - 2,500시간 × 20) ÷ 1,800시간 = @50

(3) B부문의 예정기계시간 = x,

B부문 제조간접원가 예정배부율 : $\dfrac{80,000}{x} = 50$ ∴ x = 1,600시간

정답 ③

POINT

1. 정상원가계산의 정의

재공품

<차 변>		<대 변>
직접재료원가	실제원가	
직접노무원가	실제원가	
제조간접원가	예정배부액	

2. 정상개별원가계산의 절차

(1) 제조간접원가 예정배부율 = $\dfrac{\text{제조간접원가예산}}{\text{예정조업도}}$ (사전에 계산)

(2) 작업별 정상원가 집계

DM	실제원가추적
DL	실제원가추적
OH	예정배부액(= 실제조업도 × 제조간접원가 예정배부율)

(3) 제조간접원가 배부차이

제조간접원가		제조간접원가	
실제OH	예정배부액	실제OH	예정배부액
	과소배부	**과대배부**	

(4) 제조간접원가 배부차이조정

문제 19

㈜한국은 정상개별원가계산제도를 채택하고 있으며, 제조간접원가는 직접노무원가의 150%를 예정배부한다. ㈜한국은 제조간접원가 배부차이를 전액 매출원가에 조정한다. 20×1년 직접재료원가와 직접노무원가 및 재고자산 관련 자료는 다음과 같다.

• 기초재공품	₩30,000	• 기말재공품	₩50,000
• 기초제품	20,000	• 기말제품	10,000
• 직접재료원가	200,000	• 직접노무원가	300,000

20×1년 배부차이 조정 후 매출원가가 ₩970,000일 경우 실제 발생한 제조간접원가는 얼마인가?

① ₩400,000
② ₩420,000
③ ₩450,000
④ ₩480,000
⑤ ₩500,000

풀이 제조간접원가 배부차이 + 제조원가의 흐름 - 추정

(1) 조정 전 매출원가 **추정**

재공품(정상원가)				제품(정상원가)			
기초	30,000	당기제품제조원가	930,000	기초	20,000	매출원가	940,000
직접재료원가	200,000			당기제품제조원가	930,000	기말	10,000
직접노무원가	300,000				950,000		950,000
제조간접원가	450,000*	기말	50,000				
	980,000		980,000				

* 제조간접원가 예정배부액 : 300,000 × 150% = ₩450,000

(2) 실제제조간접원가 **추정**(제조간접원가 배부차이를 이용)

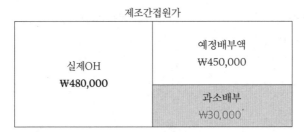

제조간접원가

실제OH **₩480,000**	예정배부액 ₩450,000
	과소배부 ₩30,000*

* 매출원가조정법인 경우,
제조간접원가 과소배부액 : 970,000(조정 후 매출원가) - 940,000(조정 전 매출원가) = ₩30,000

정답 ④

POINT

1. 제조간접원가 배부차이조정
   (1) 매출원가조정법
      ① 과소배부액은 전액 매출원가에 가산하고, 과대배부액은 전액 매출원가에서 차감하는 방법
      ② 제조간접원가 배부차이조정 후에도 기말재고자산은 여전히 정상원가로 기록된다는 특징이 있음

   (2) 총원가 비례배분법(총원가기준법)
      제조간접원가 배부차이를 총원가(기말잔액)의 상대적 비율에 따라 기말재공품, 기말제품 및 매출원가에 배분하는 방법

   (3) 원가요소별 비례배분법(원가요소기준법)
      ① 제조간접원가 배부차이를 제조간접원가 예정배부액의 상대적 비율에 따라 기말재공품, 기말제품 및 매출원가에 배분하는 방법
      ② 제조간접원가 배부차이조정 후의 기말재고자산과 매출원가가 실제원가계산과 동일한 금액으로 기록된다는 특징이 있음

2. 매출원가조정법의 경우 성립되는 사항
   제조간접원가 배부차이 = 조정 후 매출원가 - 조정 전 매출원가

㈜한국은 20×1년 초에 영업을 개시하였으며, 작업별 생산자료는 다음과 같다.

구 분	#101	#102	#103
직접재료원가	₩60,000	₩140,000	₩200,000
직접노무원가	240,000	460,000	500,000
실제직접노무시간	1,500시간	1,500시간	2,000시간
완성도	60%	100%	100%

㈜한국은 직접노무시간을 제조간접원가 배부기준으로 사용하는 정상원가계산제도를 채택하고 있다. 20×1년 제조간접원가예산은 ₩480,000이고, 예정직접노무시간은 6,000시간이다. 20×1년에 발생한 실제제조간접원가는 ₩500,000이고, 완성된 제품 중 #103은 고객에게 판매되었다. 제조간접원가 배부차이를 총원가 비례배분법에 의하여 조정할 경우 매출원가조정법에 비해 증가되는 영업이익은 얼마인가?

① ₩50,000　　　　　　② ₩54,000　　　　　　③ ₩57,000

④ ₩60,000　　　　　　⑤ ₩63,000

풀이 종합문제 - 제조간접원가 배부차이조정

(1) 제조간접원가 예정배부율 : $\dfrac{480,000}{6,000시간}$ = @80

(2) 작업별 제조원가

	#101	#102	#103
직접재료원가	₩60,000	₩140,000	₩200,000
직접노무원가	240,000	460,000	500,000
제조간접원가*	120,000	120,000	160,000
	₩420,000	₩720,000	₩860,000
	재공품	제품	매출원가

* 실제직접노무시간 × 80

(3) 제조간접원가 배부차이

제조간접원가

실제OH ₩500,000	예정배부액 120,000 + 120,000 + 160,000 = ₩400,000
	과소배부 ₩100,000

(4) 제조간접원가 배부차이조정

	총원가	비율	조정액
재공품	₩420,000	21%	₩21,000
제품	720,000	36	36,000
매출원가	860,000	43	43,000
	₩2,000,000	100%	₩100,000

(5) 영업이익 비교

총원가 비례배분법에 의할 경우가 매출원가조정법에 비해 매출원가에 가산되는 제조간접원가 과소배부액이 ₩100,000 – ₩43,000 = ₩57,000만큼 감소하므로 영업이익은 그만큼 증가한다.

┌───┐
별해

(5) 조정 후 매출원가

　　<총원가 비례배분법>　　860,000 +　　43,000 = ₩903,000

　　<매출원가조정법>　　　　860,000 + 100,000 = ₩960,000

(6) 영업이익 비교

　　총원가 비례배분법에 의할 경우가 매출원가조정법에 비해 매출원가가 ₩960,000 - ₩903,000 = ₩57,000만큼 감소하므로 영업이익은 그만큼 증가한다.
└───┘

정답 ③

문제 21

㈜한국은 20×1년에 영업을 개시하였으며 표준원가계산제도를 채택하고 있다. 직접재료원가와 관련된 자료는 다음과 같다.

• 제품 단위당 직접재료 표준사용량	2kg
• 직접재료 실제사용량	4,200kg
• 직접재료 kg당 실제구입가격	₩8
• 직접재료 구입가격차이	₩9,000(유리)
• 직접재료 능률차이	₩2,000(불리)

20×1년 실제 제품생산량이 2,000개일 때 직접재료 실제구입량은?

① 4,500kg ② 5,000kg ③ 6,000kg

④ 6,250kg ⑤ 7,500kg

풀이 직접재료원가 차이분석

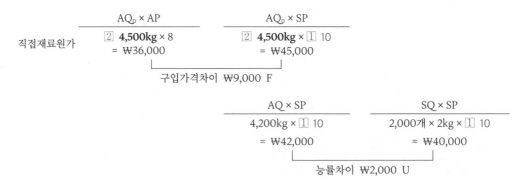

$\boxed{1}$ kg당 표준가격 = x,

능률차이 : $4,200x - 4,000x = 2,000$ ∴ $x = 2,000 ÷ (4,200 - 4,000) =$ @10

$\boxed{2}$ 실제구입량 = y,

구입가격차이 : $8y - 10y = -9,000$ ∴ $y = 9,000 ÷ (10 - 8) = 4,500$kg

정답 ①

POINT

1. 표준원가계산의 정의

재공품		
<차 변>		**<대 변>**
직접재료원가	표준원가(SQ × SP)	
직접노무원가	표준원가(SQ × SP)	
변동제조간접원가	표준배부액(SQ × SP)	
고정제조간접원가	표준배부액(SQ × SP)	

2. 직접재료원가 차이분석

(1) 가격차이를 사용시점에서 분리

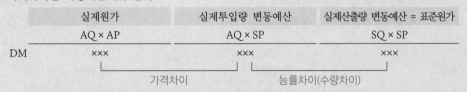

→ 가격차이를 사용시점에서 분리 시 원재료계정은 실제원가(AP)로 기록됨

(2) 가격차이를 구입시점에서 분리

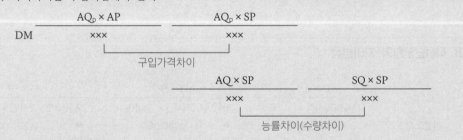

(단, AQ_D : 실제구입량)

→ 가격차이를 구입시점에서 분리 시 원재료계정은 표준원가(SP)로 기록됨

3. 불리한 차이와 유리한 차이

> 불리한 차이(U) : 실제원가 > 표준원가 → 왼쪽 수치가 더 큼
> 유리한 차이(F) : 실제원가 < 표준원가 → 왼쪽 수치가 더 작음

㈜한국은 표준원가계산제도를 사용하고 있으며, 직접노무시간을 기준으로 제조간접원가를 배부한다. 직접노무시간당 변동제조간접원가 표준배부율은 표준임률의 50%이다. 20×1년의 직접노무원가와 변동제조간접원가에 대한 실제 및 표준이 다음과 같을 때 실제임률은 얼마인가?

• 실제생산량	2,500개
• 제품단위당 표준직접노무시간	2시간
• 직접노무원가 실제발생액	₩220,000
• 직접노무원가 임률차이(불리)	60,000
• 변동제조간접원가 능률차이(유리)	20,000

① ₩52 ② ₩53 ③ ₩54

④ ₩55 ⑤ ₩56

풀이 직접노무원가 차이분석

AQ × AP	AQ × SP	SQ × SP
④ 4,000시간 × ⑤ 55	④ 4,000시간 × ③ 40	2,500개 × 2시간 × ③ 40

직접노무원가　= ₩220,000　→　= ① ₩160,000　→　= ② ₩200,000

$$-60,000 \qquad +40,000$$

임률차이 ₩60,000 U　　　능률차이 ₩40,000 F*

* 변동제조간접원가 표준배부율이 표준임률의 50%이므로 표준임률은 변동제조간접원가 표준배부율의 2배임 → 직접노무원가 능률차이는 변동제조간접원가 능률차이의 2배임 → ∴ 20,000 유리 × 2 = ₩40,000 유리

정답 ④

POINT

1. 직접노무원가 차이분석

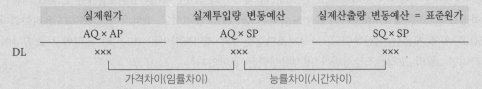

2. 변동제조간접원가 차이분석

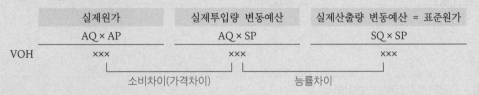

3. 제조간접원가 배부기준이 직접노무시간인 경우

$$직접노무원가 \ 능률차이 \ = \ 변동제조간접원가 \ 능률차이 \ \times \ \frac{직접노무시간당 \ 표준임률}{직접노무시간당 \ 표준배부율}$$

㈜한국은 표준원가계산을 사용하고 있으며, 1월과 2월의 표준은 동일하다. 1월에는 2,000단위의 제품을 생산하였으며, 고정제조간접원가의 조업도차이는 ₩1,000 불리이고 소비차이는 ₩800 유리이었다. 2월에는 2,500단위의 제품을 생산하였고, 고정제조간접원가의 조업도차이는 ₩1,500 유리이고 소비차이는 ₩600 유리이면 2월의 고정제조간접원가 실제발생액은 얼마인가?

① ₩9,600 ② ₩10,400 ③ ₩10,600

④ ₩11,400 ⑤ ₩11,600

풀이 고정제조간접원가 차이분석

월간 고정제조간접원가예산 = F, 고정제조간접원가 표준배분율 = f,

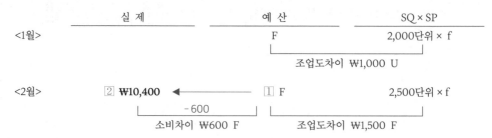

	실제	예산	SQ × SP
<1월>		F	2,000단위 × f

조업도차이 ₩1,000 U

<2월> ② **₩10,400** ← ① F 2,500단위 × f

－600

소비차이 ₩600 F 조업도차이 ₩1,500 F

<1월> F － 2,000f = 1,000 … ①
<2월> F － 2,500f = －1,500 … ②

(①에서 ②를 빼면, 500f = 2,500) ∴ f = @5/단위, F = ₩11,000

정답 ②

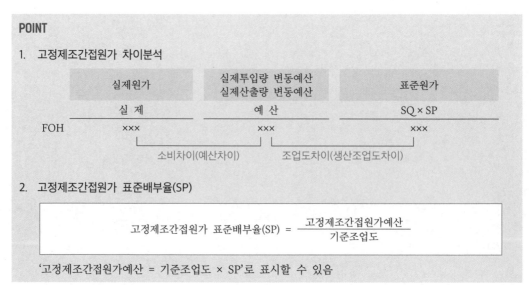

POINT

1. 고정제조간접원가 차이분석

	실제원가	실제투입량 변동예산 실제산출량 변동예산	표준원가
	실제	예산	SQ × SP
FOH	×××	×××	×××

소비차이(예산차이) 조업도차이(생산조업도차이)

2. 고정제조간접원가 표준배부율(SP)

$$고정제조간접원가\ 표준배부율(SP) = \frac{고정제조간접원가예산}{기준조업도}$$

'고정제조간접원가예산 = 기준조업도 × SP'로 표시할 수 있음

문제 24

㈜한국은 내부관리목적으로 표준원가계산제도를 사용하고 있다. 20×1년도 기준조업도는 예산조업도 3,000 기계시간이고, 고정제조간접원가예산은 ₩1,500,000이다. 또한 정상조업도는 2,800기계시간이고, 정상조업도에 근거한 변동제조간접원가예산은 ₩840,000이다. 20×1년도 실제기계시간이 2,500시간이고, 제조간접원가 능률차이가 ₩30,000(불리)라면 제조간접원가 조업도차이는 얼마인가?

① ₩300,000 불리   ② ₩300,000 유리   ③ ₩350,000 불리

④ ₩350,000 유리   ⑤ ₩450,000 불리

풀이 제조간접원가 차이분석

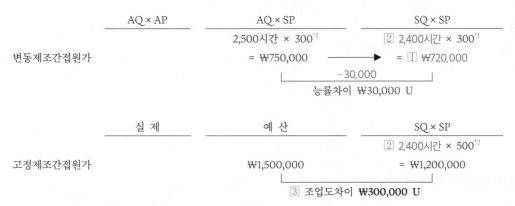

*1 변동제조간접원가 표준배부율 : 840,000 ÷ 2,800시간 = @300
*2 고정제조간접원가 표준배부율 : 1,500,000 ÷ 3,000시간 = @500

정답 ①

POINT

(1) 제조간접원가 조업도차이 = 고정제조간접원가 조업도차이
     제조간접원가 능률차이 = 변동제조간접원가 능률차이

(2) 변동제조간접원가 표준배부율(= 변동제조간접원가예산/근거조업도)
     고정제조간접원가 표준배부율(= 고정제조간접원가예산/기준조업도)

㈜한국은 표준원가계산을 사용하고 있다. 20×1년 제조간접원가에 대한 자료는 다음과 같다.

제조간접원가 예산식	₩70,000 + 직접노무시간 × 5
실제산출량에 허용된 표준직접노무시간	20,000시간

㈜한국은 2분법에 의하여 제조간접원가 차이분석을 실시하고 있다. 20×1년 중 불리한 제조간접원가 예산차이 ₩20,000과 유리한 제조간접원가 조업도차이 ₩10,000이 발생하였다면 20×1년의 실제제조간접원가와 제조간접원가배부액은 각각 얼마인가?

	실제제조간접원가	제조간접원가배부액
①	₩170,000	₩170,000
②	170,000	180,000
③	190,000	170,000
④	190,000	180,000
⑤	200,000	200,000

··

풀이 제조간접원가의 다양한 분석

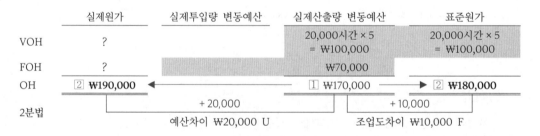

정답 ④

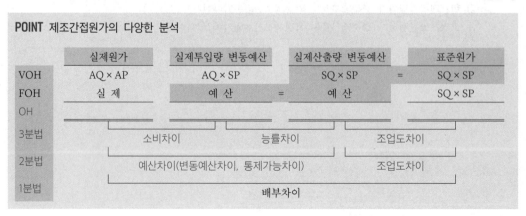

문제 26

㈜한국은 단일공정에서 단일제품을 생산하고 있으며, 표준원가계산을 사용하고 있다. 회사는 직접노무시간을 기준으로 제조간접원가를 배부하고 있으며, 변동제조간접원가의 제품 단위당 표준원가(매기 동일함)는 다음과 같다.

	표준조업도	표준배부율	제품 단위당 표준원가
변동제조간접원가	2시간	₩50/시간	₩100

직접재료는 공정 초기에 전량 투입되고, 가공원가는 공정 전반에 걸쳐서 균등하게 발생한다. 20×1년도에 기초재공품은 3,000단위(가공원가완성도 40%), 당기착수는 12,000단위이고, 완성품은 13,000단위, 기말재공품은 2,000단위(가공원가완성도 80%)이다. 20×1년도 실제직접노무시간이 30,000시간일 경우 변동제조간접원가 능률차이는 얼마인가?

① ₩160,000 불리　　　　② ₩160,000 유리　　　　③ ₩200,000 불리

④ ₩200,000 유리　　　　⑤ ₩300,000 불리

··

풀이 표준종합원가계산 - 원가차이분석

(1) 가공원가 당기완성품환산량

선입선출법

	[1] 물량흐름			[2] 당기완성품환산량
				가공원가
기초	3,000	완성	3,000 (40 ~ 100%)	1,800
		13,000	10,000	10,000
당기	12,000	기말	2,000 (0 ~ 80%)	1,600
	15,000		15,000	13,400단위

(2) 변동제조간접원가 능률차이

	AQ × AP	AQ × SP	SQ × SP
변동제조간접원가		30,000시간 × 50 = ₩1,500,000	13,400단위 × 2시간 × 50 = ₩1,340,000

능률차이 ₩160,000 U

정답 ①

POINT SQ의 의미

구 분	SQ
재공품재고가 없는 경우	실제생산량(또는 실제생산량에 허용된 표준수량)
재공품재고가 있는 경우	당기완성품환산량(또는 당기완성품환산량에 허용된 표준수량)

문제 27

㈜한국은 20×1년 초에 설립되었으며, 단일제품을 생산하여 단위당 ₩30에 판매하고 있다. 20×1년과 20×2년의 생산 및 판매에 관한 자료는 다음과 같다.

구 분	20×1년	20×2년
생산량	25,000단위	30,000단위
판매량	22,000단위	28,000단위
단위당 변동제조원가	₩8	
단위당 변동판매비와관리비	₩2	
연간 고정제조원가	₩150,000	
연간 고정판매비와관리비	?	

20×2년도의 전부원가계산에 의한 영업이익이 ₩317,000일 경우 연간 고정판매비와관리비는 얼마인가? (단, 재공품은 없으며 원가흐름은 선입선출법을 가정한다.)

① ₩80,000 ② ₩90,000 ③ ₩100,000

④ ₩110,000 ⑤ ₩120,000

· ·

풀이 전부원가계산 영업이익

고정판매비와관리비 = x,

전부원가계산

매 출 액	28,000단위 × 30 =		₩840,000
매출원가			
기초제품재고액	3,000단위 × 14[*1] =	₩42,000	
당기제품제조원가	30,000단위 × 13[*1] =	390,000	
기말제품재고액	5,000단위 × 13[*1] =	(65,000)	367,000
매출총이익			473,000
판매관리비	28,000단위 × 2 + x =		156,000[*2]
영업이익			₩317,000

[*1] 단위당 제조원가

　<20×1년> 8 + 150,000/25,000단위 = @14

　<20×2년> 8 + 150,000/30,000단위 = @13

[*2] 역산(473,000 − 317,000 = ₩156,000)

28,000단위 × 2 + x = 156,000　　　∴ x = **₩100,000**

정답 ③

POINT

1. 전부·변동·초변동원가계산의 의의

기능	원가요소	전부원가계산	변동원가계산	초변동원가계산
제조 원가	직접재료원가	제품원가	제품원가	제품원가
	직접노무원가			기간원가
	변동제조간접원가			
	고정제조간접원가		기간원가	
비제조 원가	변동판매관리비	기간원가	기간원가	
	고정판매관리비			

2. 재고자산금액 비교

전부원가계산의 재고자산금액 (DM + DL + VOH + FOH)	>	변동원가계산의 재고자산금액 (DM + DL + VOH)	>	초변동원가계산의 재고자산금액 (DM)

3. 손익계산서 비교

전부원가계산		변동원가계산		초변동원가계산	
매 출 액	×××	매 출 액	×××	매 출 액	×××
매출원가	×××	변동원가[*1]	×××	직접재료매출원가	×××
매출총이익	×××	공헌이익	×××	재료처리량 공헌이익	×××
판매관리비	×××	고정원가	×××	운영비용[*2]	×××
영업이익	×××	영업이익	×××	영업이익	×××

*1 변동매출원가(제품원가) + 변동판매관리비(기간원가)

*2 직접노무원가 + 변동제조간접원가 + 고정제조간접원가 + 변동판매관리비 + 고정판매관리비

㈜한국의 기초제품은 없고 당기 생산량은 1,000단위, 기말제품은 200단위이다. 제품 단위당 판매가격은 ₩600이며, 당기에 발생한 원가는 다음과 같다. 변동원가계산에 의한 당기 영업이익은 얼마인가? (단, 재공품은 없다.)

직접재료원가	₩150,000
직접노무원가	60,000
변동제조간접원가	90,000
변동판매관리비	40,000
고정제조간접원가	80,000
고정판매관리비	20,000

① ₩100,000　　　　② ₩110,000　　　　③ ₩120,000

④ ₩130,000　　　　⑤ ₩140,000

풀이 변동원가계산 영업이익

변동원가계산

매 출 액	800단위 × 600 =		₩480,000
변동원가			
변동매출원가	800단위 × 300* =	₩240,000	
변동판매관리비	800단위 × 50 =	40,000	280,000
공헌이익			200,000
고정원가	80,000 + 20,000 =		100,000
영업이익			**₩100,000**

* 단위당 변동제조원가 : $\dfrac{150,000 + 60,000 + 90,000}{1,000단위} = @300$

별해

변동원가계산에 의한 영업이익

: 800단위 × (600 − 350*) − (80,000 + 20,000) = **₩100,000**

          공헌이익   고정원가

* 단위당 변동원가 : $\dfrac{150,000 + 60,000 + 90,000}{1,000단위} + \dfrac{40,000}{800단위} = @350$

정답 ①

POINT

(1) 단위당 변동제조원가 $= \dfrac{변동제조원가}{생산량^*}$

(2) 단위당 변동판매관리비 $= \dfrac{변동판매관리비}{판매량}$

  * 재공품이 없는 경우

㈜한국의 기초제품은 없고 당기 생산량은 1,000단위, 기말제품은 200단위이다. 제품 단위당 판매가격은 ₩600이고, 당기에 발생한 직접재료원가는 ₩150,000이다. 직접재료원가를 제외한 나머지 원가와 관련된 자료는 다음과 같다. 초변동원가계산에 의한 당기 영업이익은 얼마인가? (단, 재공품은 없다.)

단위당 직접노무원가	₩60
단위당 변동제조간접원가	90
단위당 변동판매관리비	50
고정제조간접원가	80,000
고정판매관리비	20,000

① ₩50,000　　　　② ₩60,000　　　　③ ₩70,000

④ ₩80,000　　　　⑤ ₩90,000

풀이 초변동원가계산 영업이익

초변동원가계산			
매 출 액	800단위 × 600 =		₩480,000
직접재료매출원가	800단위 × 150* =		120,000
재료처리량 공헌이익			360,000
운영비용			
직접노무원가	1,000단위 × 60 =	₩60,000	
제조간접원가	1,000단위 × 90 + 80,000 =	170,000	
판매관리비	800단위 × 50 + 20,000 =	60,000	290,000
영업이익			**₩70,000**

* 단위당 직접재료원가 : $\dfrac{150,000}{1,000단위}$ = @150

> **별해**
> 초변동원가계산에 의한 영업이익
> : 800단위 × (600 - 150) - {1,000단위 × (60 + 90) + 80,000 + 800단위 × 50 + 20,000} = **₩70,000**
>   재료처리량 공헌이익   운영비용

정답 ③

POINT 초변동원가계산의 운영비용 - 재공품이 없는 경우

- 직접노무원가 　　：생산량 × 단가
- 변동제조간접원가 ：생산량 × 단가
- 변동판매관리비 　：판매량 × 단가

㈜한국은 20×1년에 설립되었으며, 20×1년과 20×2년의 생산 및 판매자료는 다음과 같다.

구 분	20×1년	20×2년
생산량	10,000개	12,500개
판매량	9,000개	12,500개
단위당 직접재료원가	₩10	₩10
단위당 직접노무원가	₩8	₩8
단위당 변동제조간접원가	₩7	₩7
고정제조간접원가	₩250,000	₩250,000

회사는 선입선출법에 의하여 재고자산을 평가한다. 다음 중 가장 옳지 않은 것은?

① 20×1년에는 전부원가계산의 영업이익이 변동원가계산의 영업이익보다 크다.

② 20×1년에는 변동원가계산의 영업이익이 초변동원가계산의 영업이익보다 크다.

③ 20×2년에는 생산량과 판매량이 일치하므로 변동원가계산의 영업이익과 전부원가계산의 영업이익이 같다.

④ 20×2년에는 생산량과 판매량이 일치하므로 초변동원가계산의 영업이익과 변동원가계산의 영업이익이 같다.

⑤ 재고자산금액은 전부원가계산에 의한 금액이 변동원가계산에 의한 금액보다 항상 크다.

풀이 재고수준의 변동에 따른 영업이익 비교

    ③   변동원가계산의 영업이익 x

    (+) 기말재고의 고정제조간접원가   1,000개 × 20˙ =   20,000

    (–) 기초재고의 고정제조간접원가   1,000개 × 25˙ =   (25,000)

        전부원가계산의 영업이익 $x - 5,000$

* 단위당 고정제조간접원가
  20×1년 : 250,000 ÷ 10,000개 = @25
  20×2년 : 250,000 ÷ 12,500개 = @20

    ④   초변동원가계산의 영업이익 x

    (+) 기말재고의 변동가공원가   1,000개 × 15˙ =   15,000

    (–) 기초재고의 변동가공원가   1,000개 × 15˙ =   (15,000)

        변동원가계산의 영업이익 x

* 단위당 변동가공원가 : 8 + 7 = @15

정답 ③

POINT

1. 재고수준의 변동에 따른 영업이익 비교

	전부원가계산 영업이익		변동원가계산 영업이익		초변동원가계산 영업이익
생산량 〉 판매량 :	전부원가계산 영업이익	>	변동원가계산 영업이익	>	초변동원가계산 영업이익
생산량 = 판매량 :	전부원가계산 영업이익	=	변동원가계산 영업이익	=	초변동원가계산 영업이익

한 가지 주의할 점은 상기의 내용은 기초재고가 없는 경우에는 항상 성립하나, 기초재고가 있는 경우에는 원가요소별 단위당 원가가 매기 일정하다면 성립하고, 원가요소별 단위당 원가가 매기 달라진다면 성립하지 않을 수도 있음

2. 생산량과 영업이익의 관계 비교

판매량이 일정하다면, 생산량이 많을수록 전부원가계산 영업이익은 증가하고, 초변동원가계산 영업이익은 감소하나, 변동원가계산 영업이익은 생산량에 관계없이 일정함

㈜한국은 20×1년에 영업을 개시하였다. 20×1년 판매량은 7,000개이고, 변동원가계산에 의한 영업이익은 ₩500,000이며, 전부원가계산에 의한 영업이익은 ₩920,000이었다. 20×1년 원가자료가 다음과 같을 경우 생산량은 몇 개인가?

	고정원가	단위당 변동원가
직접재료원가	-	₩300
직접노무원가	-	200
제조간접원가	₩840,000	100
판매관리비	180,000	150

① 8,000개 ② 10,000개 ③ 12,000개
④ 14,000개 ⑤ 16,000개

풀이 이익차이조정 - 변동원가계산과 전부원가계산

생산량 = x,

변동원가계산의 영업이익		₩500,000
(+) 기말재고의 고정제조간접원가	$(x - 7,000) \times \dfrac{840,000}{x} =$	420,000*
(-) 기초재고의 고정제조간접원가		(0)
전부원가계산의 영업이익		₩920,000

* 역산

$$(x - 7,000) \times \frac{840,000}{x} = 420,000 \qquad \therefore \ x = \mathbf{14,000개}$$

정답 ④

POINT

1. 이익차이원인

   (1) 초변동원가계산과 변동원가계산의 영업이익이 차이가 나는 원인
       : 비용화되는 변동가공원가(VCC)가 다르기 때문

   (2) 변동원가계산과 전부원가계산의 영업이익이 차이가 나는 원인
       : 비용화되는 고정제조간접원가(FOH)가 다르기 때문

   (3) 초변동원가계산과 전부원가계산의 영업이익이 차이가 나는 원인
       : 비용화되는 가공원가(CC)가 다르기 때문

2. 이익차이조정 틀

초변동원가계산의 이익	×××
(+) 기말재고의 변동가공원가	×××
(-) 기초재고의 변동가공원가	(×××)
변동원가계산의 이익	×××
(+) 기말재고의 고정제조간접원가	×××
(-) 기초재고의 고정제조간접원가	(×××)
전부원가계산의 이익	×××

문제 32

㈜한국의 20×1년 영업이익은 전부원가계산에 의하면 ₩400,000이고, 초변동원가계산에 의하면 ₩360,000이다. 초변동원가계산에 의한 기말재고자산 금액은 ₩100,000이고, 전부원가계산에 의한 기초재고자산 금액이 초변동원가계산에 의한 기초재고자산 금액보다 ₩200,000 많을 경우, 전부원가계산에 의한 기말재고자산 금액은 얼마인가?

① ₩160,000　　　　　② ₩240,000　　　　　③ ₩300,000

④ ₩340,000　　　　　⑤ ₩380,000

풀이 이익차이조정 – 초변동원가계산과 전부원가계산

(1) 기말재고의 가공원가

	초변동원가계산의 영업이익	₩360,000
(+)	기말재고의 가공원가	240,000[*2]
(−)	기초재고의 가공원가	(200,000)[*1]
	전부원가계산의 영업이익	₩400,000

[*1] 전부원가계산에 의한 기초재고자산 금액이 초변동원가계산에 의한 기초재고자산 금액보다 ₩200,000 많다는 것은 기초재고의 가공원가가 ₩200,000이라는 의미임

[*2] 역산(400,000 + 200,000 − 360,000 = ₩240,000)

(2) 전부원가계산에 의한 기말재고자산 금액

: 100,000(직접재료원가) + 240,000(가공원가) = **₩340,000**

정답 ④

㈜한국은 20×1년에 설립되었으며, 내부관리목적으로는 변동원가계산을, 외부보고목적으로는 전부원가계산을 사용하고 있다. 직접재료는 공정 초기에 전량 투입되며, 전환원가는 공정 전반에 걸쳐서 균등하게 발생한다. 20×1년의 원가계산 자료는 다음과 같다.

완성품	8,000개
기말재공품	2,000개 (완성도 : 40%)
기말제품	1,000개
단위당 직접재료원가	₩180
단위당 변동가공원가	₩360
고정제조간접원가	₩792,000

20×1년 변동원가계산에 의한 영업이익과 전부원가계산에 의한 영업이익의 차이는 얼마인가?

① ₩198,000   ② ₩180,000   ③ ₩90,000

④ ₩270,000   ⑤ ₩162,000

. . . .

풀이 이익차이조정 - 재공품이 있는 경우

	변동원가계산의 영업이익		x
(+)	기말재고의 고정제조간접원가	(1,000개 + 2,000개 × 40%) × 90* =	162,000
(-)	기초재고의 고정제조간접원가		(0)
	전부원가계산의 영업이익		x + 162,000

* 완성품환산량 단위당 고정제조간접원가 : $\dfrac{792,000}{8,000개 + 2,000개 × 40\%}$ = @90

정답 ⑤

POINT 재공품이 있는 경우의 이익차이조정

변동원가계산의 이익
(+) 기말재고의 고정제조간접원가
(기말제품수량 + 기말재공품의 가공원가 완성품환산량) × 환산량 단위당 고정제조간접원가

(-) 기초재고의 고정제조간접원가
(기초제품수량 + 기초재공품의 가공원가 완성품환산량) × 환산량 단위당 고정제조간접원가

전부원가계산의 이익

TOPIC 9 | 활동기준원가계산

문제 34

㈜한국은 기존에 단일의 배부기준을 사용하여 제조간접원가를 배부하여 오다가 최근 활동기준원가계산을 도입하였다. 다음은 제조간접원가와 관련된 생산자료이다.

<생산자료>

구 분	기계부문	조립부문	합 계
제조간접원가	₩70,000	₩50,000	₩120,000
직접노무시간	1,000시간	5,000시간	6,000시간
기계시간	3,500시간	1,500시간	5,000시간
작업준비횟수	–	–	100회

<활동자료>

활 동	제조간접원가	원가동인
활동 A	₩60,000	조립부문 직접노무시간
활동 B	40,000	작업준비횟수
활동 C	20,000	기계시간
	₩120,000	

한편 A 제품과 관련된 생산자료는 다음과 같다.

<A 제품>

생산량	1,000개	1회 작업준비 시 뱃치크기	?
직접노무시간		기계시간	
기계부문	100시간	기계부문	40시간
조립부문	300시간	조립부문	60시간

A 제품에 배부된 제조간접원가가 ₩6,000일 경우 A 제품의 1회 작업준비 시 뱃치크기는?

① 50개   ② 100개   ③ 200개

④ 250개   ⑤ 500개

풀이 활동기준원가계산 - 추정

작업준비횟수 = x,

(1) 활동별 제조간접원가배부율

활동 A : 60,000 ÷ 5,000시간 = @12/조립부문 직접노무시간

활동 B : 40,000 ÷ 100회 = @400/작업준비횟수

활동 C : 20,000 ÷ 5,000시간 = @4/기계시간

(2) 제조간접원가배부액(A 제품)

: 300시간 × 12 + x × 400 + (40시간 + 60시간) × 4 = ₩6,000   ∴ x = 5회

(3) 1회 작업준비 시 뱃치크기 : 1,000개 ÷ 5회 = **200개**

정답 ③

POINT

1. 활동기준원가계산의 의의

2. 도입배경
   ① 제조간접원가의 비중이 높아짐
   ② 다품종 소량생산체제로의 전환
   ③ 원가개념의 확대
   ④ 정보수집기술의 발달

3. 활동유형

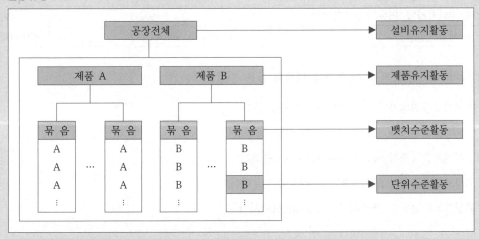

   전수검사활동 : 단위수준활동,   (표본)검사활동 : 뱃치수준활동

4. 활동기준원가계산의 절차
   (1) 활동별 제조간접원가 집계

   (2) 활동별 제조간접원가배부율 계산

   $$\text{활동별 제조간접원가배부율} = \frac{\text{활동별 제조간접원가}}{\text{활동별 원가동인수}}$$

   (3) 제조간접원가배부

5. 전통적 원가계산과 활동기준원가계산의 비교

구 분	전통적 원가계산	활동기준원가계산
제조간접원가배부 과정	자원 → 공장전체(부문) → 제품	자원 → 활동 → 제품
배부기준	조업도	조업도뿐만 아니라 조업도 이외의 다양한 원가동인 사용
제조간접원가배부율	공장전체 제조간접원가배부율, 부문별 제조간접원가배부율	활동별 제조간접원가배부율

단일의 제품을 생산·판매하고 있는 ㈜한국은 20×1년 초에 영업을 개시하였으며 표준원가계산제도를 채택하고 있다. 표준은 연초에 수립되어 향후 1년 동안 그대로 유지된다. ㈜한국은 활동기준원가계산을 이용하여 제조간접원가예산을 설정한다. 제조간접원가는 전부 작업준비활동으로 인해 발생하는 원가이며, 원가동인은 작업준비시간이다. 작업준비활동과 관련하여 20×1년 초 설정한 연간 예산자료와 20×1년 말 수집한 실제결과는 다음과 같다.

구 분	예산자료	실제결과
생산량	12,000단위	12,500단위
뱃치크기	5단위	4단위
뱃치당 작업준비시간	3.5시간	4시간
작업준비시간당 변동제조간접원가	₩20	₩24
고정제조간접원가	₩84,000	₩90,000

㈜한국의 20×1년도 제조간접원가에 대해서 옳은 설명은?

① 변동제조간접원가 소비차이는 ₩30,000 불리하다.

② 변동제조간접원가 능률차이는 ₩70,000 불리하다.

③ 고정제조간접원가 예산차이는 ₩5,000 불리하다.

④ 고정제조간접원가 조업도차이는 ₩3,500 유리하다.

⑤ 고정제조간접원가 표준배부액은 ₩86,000이다.

풀이 ABC하의 제조간접원가 차이분석 – 뱃치수준원가

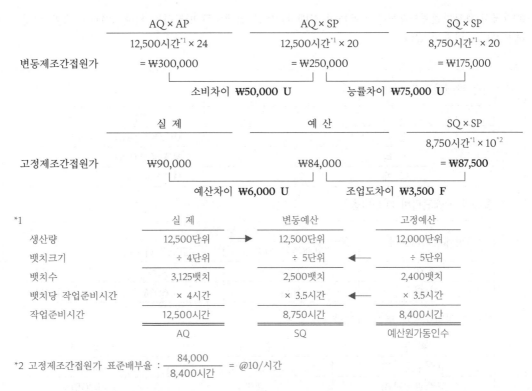

	실 제	변동예산	고정예산
생산량	12,500단위 →	12,500단위	12,000단위
뱃치크기	÷ 4단위	÷ 5단위 ←	÷ 5단위
뱃치수	3,125뱃치	2,500뱃치	2,400뱃치
뱃치당 작업준비시간	× 4시간	× 3.5시간 ←	× 3.5시간
작업준비시간	12,500시간	8,750시간	8,400시간
	AQ	SQ	예산원가동인수

*2 고정제조간접원가 표준배부율 : $\dfrac{84,000}{8,400시간}$ = @10/시간

정답 ④

POINT ABC하의 제조간접원가 차이분석

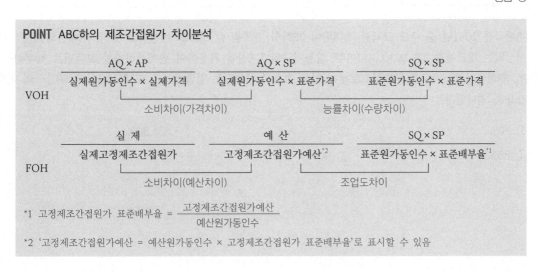

*1 고정제조간접원가 표준배부율 = $\dfrac{고정제조간접원가예산}{예산원가동인수}$

*2 '고정제조간접원가예산 = 예산원가동인수 × 고정제조간접원가 표준배부율'로 표시할 수 있음

㈜한국이 활동기준원가계산을 적용하여 판매관리비를 고객별로 배부하기 위해, 20×1년 초에 수집한 연간 예산자료는 다음과 같다.

(1) 연간 판매관리비

항 목	금 액
급 여	₩1,000,000
기 타	₩1,500,000
합 계	₩2,500,000

(2) 활동별 판매관리비 배분비율

판매관리비항목	활 동		합 계
	고객주문처리	고객관계관리	
급 여	20%	80%	100%
기 타	40%	60%	100%

(3) 활동별 원가동인과 연간 활동량

활 동	원가동인	활동량
고객주문처리	고객주문횟수	800회
고객관계관리	고객수	100명

㈜한국은 20×1년 중 주요 고객인 ㈜대한이 25회의 주문을 할 것으로 예상하고 있다. ㈜대한의 주문 1회당 예상되는 평균매출액은 ₩30,000이다. 활동기준원가계산을 적용하여 판매관리비를 고객별로 배부하는 경우, ㈜한국이 20×1년 중 ㈜대한으로부터 얻을 것으로 예상되는 영업이익은 ₩33,000이다. ㈜한국의 매출원가율은 얼마인가?

① 70% ② 75% ③ 80%

④ 85% ⑤ 90%

풀이 고객수익성분석

(1) 활동별 판매관리비 집계 및 활동별 판매관리비배부율

	고객주문처리	고객관계관리	합 계
급여(20 : 80)	₩200,000	₩800,000	₩1,000,000
기타(40 : 60)	600,000	900,000	1,500,000
활동별 판매관리비	₩800,000	₩1,700,000	₩2,500,000
원가동인수	÷800회	÷100명	
활동별 판매관리비배부율	@1,000	@17,000	

(2) 영업이익

매출원가율 $= x$,

	㈜대한		
매 출 액	25회 × 30,000 =		₩750,000
매출원가	750,000 × x =		750,000x
매출총이익			750,000 × (1 - x)
판매관리비			
고객주문처리	25회 × 1,000 =	₩25,000	
고객관계관리	1명 × 17,000 =	17,000	42,000
영업이익			708,000 - 750,000x

708,000 - 750,000x = 33,000　　　∴ x = **90%**

정답 ⑤

POINT

1. 고객수익성분석 절차

   (1) 활동별 판매관리비 집계

   (2) 활동별 판매관리비배부율 계산

$$활동별\ 판매관리비배부율 = \frac{활동별\ 판매관리비}{활동별\ 원가동인수}$$

   (3) 판매관리비배부

2. 고객별 영업이익 계산

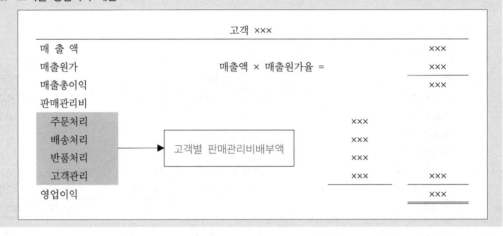

고객 ×××		
매 출 액		×××
매출원가	매출액 × 매출원가율 =	×××
매출총이익		×××
판매관리비		
주문처리		×××
배송처리	고객별 판매관리비배부액	×××
반품처리		×××
고객관리		××× ×××
영업이익		×××

cpa.Hackers.com

PART 2
관리회계

TOPIC 10   원가추정

TOPIC 11   CVP분석

TOPIC 12   종합예산

TOPIC 13   책임회계와 성과평가

TOPIC 14   관련원가와 단기의사결정

TOPIC 15   자본예산

TOPIC 16   불확실성하의 의사결정

TOPIC 17   가격결정과 대체가격결정

TOPIC 18   전략적 원가관리

TOPIC 19   전략적 성과평가와 보상

문제 37

㈜한국은 단일제품을 생산하고 있으며, 최근 6개월간 생산량 및 총제조원가에 관한 자료는 다음과 같다.

월	생산량(단위)	총제조원가
1	110,000	₩10,000,000
2	50,000	7,000,000
3	90,000	8,500,000
4	150,000	11,000,000
5	70,000	7,500,000
6	80,000	8,000,000

원가추정은 고저점법(high-low method)을 사용한다. 7월에 100,000단위를 생산하여 단위당 ₩100에 75,000단위를 판매할 경우, 7월 전부원가계산에 의한 추정 매출총이익은?

① ₩362,500   ② ₩416,000   ③ ₩560,000

④ ₩652,500   ⑤ ₩750,000

풀이 고저점법

(1) 고저점법에 의한 원가추정

단위당 변동제조원가(b) : $\dfrac{11,000,000 - 7,000,000}{150,000단위 - 50,000단위}$ = @40

고정제조간접원가(a) : 7,000,000 - 40 × 50,000단위 = ₩5,000,000

(2) 매출총이익 : 75,000단위 × (100 - 90*) = **₩750,000**

* 단위당 제조원가(매출원가) : 40 + $\dfrac{5,000,000}{100,000단위}$ = @90

정답 ⑤

POINT

1. **원가함수**

$$y' = a + bx$$

$\begin{pmatrix} x : 조업도 & a : 총고정원가 \ 추정치 \\ y' : 총원가 \ 추정치 & b : 조업도 \ 단위당 \ 변동원가 \ 추정치 \end{pmatrix}$

2. **원가함수의 추정방법**

원가함수의 a, b 값을 추정하는 방법

방 법	의 의
공학적 방법	• 투입과 산출 사이의 관계를 계량적으로 분석하여 원가함수를 추정하는 방법 • 과거의 원가 자료가 없는 경우에도 적용 가능(장점)
계정분석법	• 회계담당자의 경험과 전문적 판단에 따라 각 계정과목의 원가행태를 분석하여 원가함수를 추정하는 방법 • 주관적임(단점)
산포도법	• 조업도와 실제원가를 그래프에 점으로 표시하고, 눈대중으로 이러한 점들의 가운데를 지나는 직선을 도출하여 원가함수를 추정하는 방법 • 주관적임(단점)
고저점법	• 최고조업도와 최저조업도를 선택 후, 이 둘을 직선으로 연결하여 원가함수를 추정하는 방법 • 단위당 변동원가 추정치(b)는 최고조업도와 최저조업도를 잇는 직선의 기울기($\triangle y / \triangle x$)를 의미하고, 총고정원가 추정치($a$)는 총원가에서 총변동원가를 차감($y - bx$)하여 계산함 단위당 변동원가($b$) = $\dfrac{최고조업도의 \ 총원가 - 최저조업도의 \ 총원가}{최고조업도 - 최저조업도}$ 총고정원가(a) = 최고조업도의 총원가 - 단위당 변동원가 × 최고조업도 (= 최저조업도의 총원가 - 단위당 변동원가 × 최저조업도)
회귀분석법	• 통계적 방법에 의하여 원가함수를 추정하는 방법

㈜한국은 신제품을 최초 10단위 생산하는 데 소요된 총 직접노무시간이 3,000시간이었고, 10단위를 추가로 생산하는 데에 2,400시간이 추가로 소요되었다. 신제품 최초 10단위 생산과 관련된 제조원가는 다음과 같다.

직접재료원가	₩80,000
직접노무원가(직접노무시간당 ₩10)	30,000
변동제조간접원가(직접노무시간에 비례하여 발생)	90,000
고정제조간접원가 배부액	20,000

신제품의 생산과 관련하여 누적평균시간 학습곡선이 적용되는 것으로 가정할 경우 신제품 총 40단위에 대해 예상되는 변동제조원가는?

① ₩708,800   ② ₩728,800   ③ ₩766,800

④ ₩786,800   ⑤ ₩808,800

풀이 학습곡선 – 학습률 추정, 로트생산방식

(1) 직접노무시간 추정

누적생산량 (x)		단위당 누적평균시간 (y)		총누적시간 (xy)	
10단위		300시간		3,000시간	
20	×2	270[*1]	×0.9[*2]	5,400	2,400시간
40	×2	243	×0.9[*2]	9,720	

*1 5,400시간 ÷ 20단위 = 270시간

*2 학습률 = k,

    300 × k = 270   ∴ k = 90%

(2) 변동제조원가

: 40단위 × 8,000[*1] + 9,720시간 × (10 + 30[*2]) = **₩708,800**

*1 80,000 ÷ 10단위 = @8,000

*2 90,000 ÷ 3,000시간 = @30

정답 ①

POINT

1. **90% 누적평균시간 학습모형**

누적생산량이 2배가 될 때마다 단위당 누적평균시간(단위당 누적평균원가)이 바로 전의 90% 수준으로 감소(1 – 0.9 = 10%만큼 감소)하는 학습곡선 모형

2. **90% 증분단위시간 학습모형**

누적생산량이 2배가 될 때마다 증분단위시간(증분단위원가)이 바로 전의 90% 수준으로 감소(1 – 0.9 = 10%만큼 감소)하는 학습곡선 모형

3. **로트생산방식**

로트생산방식(뱃치생산방식)이란 로트(생산묶음, lot) 단위로 일괄적으로 생산하는 방식을 말하며, 학습효과도 로트 단위(예를 들어 1로트크기가 생산량 10개라면, 생산량 10개, 20개)로 발생함

문제 39

㈜한국은 단위당 판매가격이 ₩100, 공헌이익률이 40%인 A 제품과 단위당 판매가격이 ₩75, 공헌이익률이 30%인 B 제품을 생산·판매하고 있다. A와 B 제품 간 판매량의 상대적 비율은 1 : 4로 일정하다. 만일 A 제품의 연간 손익분기점 매출액이 ₩1,000,000이라면 연간 고정원가는 얼마인가?

① ₩1,100,000   ② ₩1,150,000   ③ ₩1,200,000

④ ₩1,250,000   ⑤ ₩1,300,000

풀이 복수제품의 CVP분석

<매출구성비> A : B = 1 × 100 : 4 × 75 = 100 : 300 = 1 : 3

(1) 가중평균공헌이익률 : 0.4 × 1/4 + 0.3 × 3/4 = 0.325

(2) 연간 고정원가 = x,

　　손익분기점 총매출액 : $\dfrac{x}{0.325}$ = ₩4,000,000[*]　　　∴ x = **₩1,300,000**

　[*] 1,000,000 ÷ 1/4 = ₩4,000,000

정답 ⑤

POINT

1. CVP분석 기본공식

구 분		기본공식
등식법	기본공식 1	매출액 = 변동원가 + 고정원가 + 이익
	기본공식 2	공헌이익 = 고정원가 + 이익
공헌이익법	기본공식 3	판매량 = $\dfrac{\text{고정원가 + 이익}}{\text{단위당 공헌이익}}$
	기본공식 4	매출액 = $\dfrac{\text{고정원가 + 이익}}{\text{공헌이익률}}$

2. 복수제품

구 분		기본공식
등식법	기본공식 1	총매출액 = 총변동가 + 고정원가 + 이익
	기본공식 2	총공헌이익 = 고정원가 + 이익
공헌이익법	기본공식 3	총판매량 = $\dfrac{\text{고정원가 + 이익}}{\text{단위당 가중평균공헌이익}}$
	기본공식 4	총매출액 = $\dfrac{\text{고정원가 + 이익}}{\text{가중평균공헌이익률}}$

단위당 가중평균공헌이익 = $\dfrac{\text{총공헌이익}}{\text{총판매량}}$

　　　　　　　　　　 = Σ(제품별 단위당 공헌이익 × 제품별 매출배합)

가중평균공헌이익률　 = $\dfrac{\text{총공헌이익}}{\text{총매출액}}$

　　　　　　　　　　 = Σ(제품별 공헌이익률 × 제품별 매출구성비)

㈜한국은 단일 제품을 생산·판매하고 있다. 20×1년 판매량은 1,000개이고, 단위당 변동원가는 ₩400이다. 또한 공헌이익률은 20%이고, 연간 손익분기점 매출액은 ₩100,000이다. 다음 중 올바르지 않은 것은?

① 단위당 판매가격은 ₩500이다.

② 연간 고정원가는 ₩20,000이다.

③ 안전한계율은 80%이다.

④ 영업레버리지도는 1.25이다.

⑤ 매출액 10% 증가 후 영업이익은 ₩100,000이다.

· ·

풀이 종합문제 – 안전한계와 영업레버리지

공헌이익 손익계산서		
매 출 액	1,000개 × 500 =	₩500,000
변동원가	1,000개 × 400 =	400,000
공헌이익		100,000
고정원가		20,000
영업이익		₩80,000

① 단위당 판매가격(= 단위당 변동원가 ÷ 변동원가율) : 400 ÷ 0.8 = **@500**

② 고정원가(= 손익분기점 매출액 × 공헌이익률) : 100,000 × 0.2 = **₩20,000**

③ 안전한계율 : $\dfrac{80,000}{100,000}$ = **80%**

④ 영업레버리지도 : $\dfrac{100,000}{80,000}$ = **1.25** (또는 $\dfrac{1}{0.8}$ = **1.25**)

⑤ 영업이익증가율 : 10% × 1.25 = 12.5%

   증가 후 영업이익 : 80,000 × (1 + 0.125) = **₩90,000**

정답 ⑤

POINT

1. 안전한계
   (1) 안전한계 매출액 = 매출액 – 손익분기점 매출액
       안전한계 판매량 = 판매량 – 손익분기점 판매량
   (2) 안전한계율(M/S비율) = $\dfrac{\text{안전한계 매출액(안전한계 판매량)}}{\text{매출액(판매량)}}$ = $\dfrac{\text{영업이익}}{\text{공헌이익}}$

(3) CVP분석의 그림

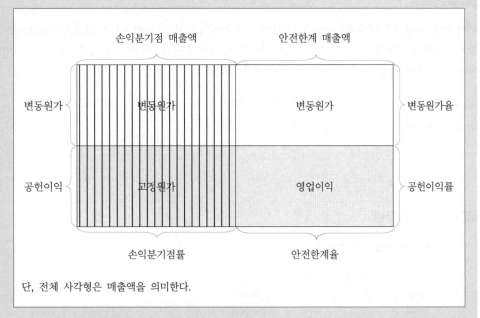

단, 전체 사각형은 매출액을 의미한다.

2. 영업레버리지

(1) 고정원가가 지레로 작용하여 매출액(또는 판매량)의 변화율보다 영업이익의 변화율이 더 커지는 효과를 말함

(2) 영업레버리지도(DOL) $= \dfrac{\text{영업이익의 변화율}}{\text{매출액(판매량)의 변화율}} = \dfrac{\text{공헌이익}}{\text{영업이익}} = \dfrac{1}{\text{안전한계율}}$

(3) DOL을 이용하여 변화 후의 영업이익을 계산하는 방법

[1단계] DOL을 계산함

[2단계] 영업이익변화율을 계산함

> 영업이익증가율 = 매출액(판매량)증가율 × DOL
> 영업이익감소율 = 매출액(판매량)감소율 × DOL

[3단계] 변화 후의 영업이익을 계산함

> 변화 후 영업이익 = 변화 전 영업이익 × (1 + 영업이익증가율)
> 변화 후 영업이익 = 변화 전 영업이익 × (1 − 영업이익감소율)

(4) 서술형 정리

> ① 고정원가 비중이 클수록 DOL이 크고, 변동원가 비중이 클수록 DOL이 작음
> ② DOL이 클수록 영업이익의 변동성이 큼
> ③ 고정원가가 전혀 없는 기업의 DOL은 1임
> ④ DOL은 손익분기점을 막 지날 때 가장 크며, 매출액이 증가함에 따라 점점 작아짐
> ⑤ 호황 예측 : DOL이 클수록 유리하므로 고정원가 비중을 높임
>   불황 예측 : DOL이 작을수록 유리하므로 변동원가 비중을 높임

㈜한국의 20×1년도 매출액은 ₩500,000이고, 공헌이익은 ₩200,000이며, 영업레버리지도는 2.5이다. 연간 감가상각비가 고정원가의 20%이고, 법인세율이 40%라면 연간 현금흐름분기점 매출액은 얼마인가? (단, 회사는 법인세의 환수를 신청할 수 있다고 가정한다.)

① ₩150,000   ② ₩200,000   ③ ₩250,000

④ ₩300,000   ⑤ ₩350,000

풀이 현금흐름분기점

(1) 변동원가율과 고정원가 추정

공헌이익 손익계산서

매 출 액	₩500,000
변동원가	300,000[*2]
공헌이익	200,000
고정원가	120,000[*2]
영업이익	₩80,000[*1]

[*1] '영업레버리지도 = 공헌이익/영업이익'이므로 영업이익은 200,000 ÷ 2.5 = ₩80,000이다.

[*2] 역산

∴ 변동원가율 : 60%, 고정원가 : ₩120,000

(2) 현금흐름분기점 매출액 = S,

$$\underset{\text{매출액}}{S} = \underset{\text{변동원가}}{S \times 0.6} + \underset{\text{현금고정원가}}{120,000 \times 0.8} + \underset{\text{법인세}}{(S - 0.6S - 120,000) \times 0.4} \qquad \therefore S = ₩200,000$$

정답 ②

POINT 현금흐름분기점

$$\underset{\text{현금유입}}{\underbrace{\text{매출액}}} = \underset{\text{현금유출}}{\underbrace{\text{변동원가} + \text{현금고정원가} + \text{법인세}^{*}}}$$

* 법인세 = $\underset{\text{발생주의 세전이익}}{\underbrace{(\text{매출액} - \text{변동원가} - \text{고정원가})}} \times \text{세율}$ → 음수(-)인 경우에도 그대로 적용함

㈜한국은 단일제품을 생산하여 판매하는 회사이다. 단위당 판매가격은 ₩5,000이며, 변동원가율은 80%이다. 판매량이 3,000개 이하인 경우 고정원가는 ₩2,200,000이며, 판매량이 3,000개 초과인 경우 고정원가는 ₩3,200,000이다. ㈜한국이 세후순이익 ₩1,360,000을 달성하기 위한 판매량은? (단, ㈜한국의 법인세율은 세전이익 ₩1,000,000 이하까지는 20%이며, ₩1,000,000 초과분에 대해서는 30%이다.)

① 1,000개 　　　　　② 2,000개 　　　　　③ 3,000개

④ 4,000개 　　　　　⑤ 5,000개

풀이 비선형함수하의 CVP분석(1)

(1) 세전목표이익(누진세율)

$$\therefore \ \text{세전목표이익} : 1{,}000{,}000 + \frac{560{,}000}{1 - 0.3} = ₩1{,}800{,}000$$

(2) 목표 판매량

　1) 0 ~ 3,000개

$$\text{목표 판매량} : \frac{2{,}200{,}000 + 1{,}800{,}000}{1{,}000^{*}} = 4{,}000개 \ (\times)$$

　2) 3,001개 이상

$$\text{목표 판매량} : \frac{3{,}200{,}000 + 1{,}800{,}000}{1{,}000^{*}} = \mathbf{5{,}000개} \ (O)$$

　* 단위당 공헌이익 : 5,000 × (1 - 0.8) = @1,000

정답 ⑤

POINT 비선형함수하의 CVP분석

(1) 단위당 판매가격, 단위당 변동원가, 총고정원가가 관련범위(단위당 판매가격, 단위당 변동원가, 총고정원가가 일정한 값을 갖는 조업도의 일정범위)별로 달라지는 경우의 CVP분석

(2) 절차

① 각 관련범위별로 단위당 판매가격, 단위당 변동원가, 총고정원가를 파악함

② 각 관련범위별로 기본공식을 적용하여 해를 계산함

구 분	방 법
단위당 판매가격, 단위당 변동원가가 달라지는 경우	반드시 등식법을 적용
총고정원가가 달라지는 경우	공헌이익법을 적용

③ ②에서 계산한 값이 해당 관련범위 안의 값이면 구하고자 하는 값이고, 해당 관련범위 밖의 값이면 모순 값임

문제 43

㈜한국은 제품 A를 생산하여 판매하고 있다. 제품 A의 생산구간별 단위당 변동원가는 다음과 같다.

생산구간	1 ~ 1,000개	1,001 ~ 3,000개
단위당 변동원가	₩10	₩20

제품 A의 단위당 판매가격은 ₩100이고, 월간 고정원가는 ₩15,000일 경우 회사의 연간 손익분기점 판매량은 얼마인가? (단, 매월 고정원가는 일정하며, 최대수요는 2,000개이다.)

① 1,000개   ② 2,000개   ③ 2,125개

④ 2,750개   ⑤ 존재하지 않음

풀이 비선형함수하의 CVP분석(2)

연간 손익분기점 판매량 = x,

1) 1 ~ 1,000개

$$\underbrace{x \times 100}_{\text{매출액}} = \underbrace{x \times 10}_{\text{변동원가}} + \underbrace{180,000^{*1}}_{\text{고정원가}} \qquad \therefore \ x = 2,000개 \ (\times)$$

2) 1,001 ~ 2,000개[*2]

$$\underbrace{x \times 100}_{\text{매출액}} = \underbrace{\{1,000 \times 10 + (x - 1,000) \times 20\}}_{\text{변동원가}} + \underbrace{180,000}_{\text{고정원가}} \qquad \therefore \ x = 2,125개 \ (\times)$$

$$\boxed{x}$$

*1 연간 고정원가 : 12 × 15,000 = ₩180,000

*2 최대수요(2,000개) 이상 판매할 수 없음

정답 ⑤

> **POINT**
>
> 연간 손익분기점 판매량을 구할 때는 연간 고정원가가 필요함

㈜한국은 김포와 제주를 운항하는 항공회사이다. 운항 관련 원가자료는 다음과 같다.

음식료비	승객 1인당	₩5,000
연료비	운행 1회당	500,000
승무원 급여	매월	12,000,000
지상근무직원급여	매월	4,000,000
공항이용료	매월	8,000,000
수선유지비	운행 1회당	100,000

항공기의 총좌석수는 250석이며, 운항 1회당 평균탑승률은 60%로 예상한다. 승객 1인당 편도요금이 ₩25,000일 경우 ㈜한국은 손익분기점을 달성하기 위해서 매월 몇 회를 편도운항하여야 하는가?

① 8회　　　　　　　　② 9회　　　　　　　　③ 10회

④ 11회　　　　　　　　⑤ 12회

풀이 복수의 원가동인하의 CVP분석

$$\text{손익분기점 운항횟수} \left(= \frac{\text{고정원가}}{\text{운항횟수당 공헌이익}}\right)$$

$$: \frac{24,000,000^{*2}}{2,400,000^{*1}} = \textbf{10회}$$

*1 운항횟수당 공헌이익 : 250명 × 60% × (25,000 − 5,000) − (500,000 + 100,000) = @2,400,000/횟수

*2 월간 고정원가 : 12,000,000 + 4,000,000 + 8,000,000 = ₩24,000,000

정답 ③

POINT 복수의 원가동인하의 CVP분석

(1) 조업도뿐만 아니라 조업도 이외의 원가동인(비단위수준 원가동인)이 원가의 발생에 영향을 미치는 경우의 CVP분석

(2) 손익분기점

(예시 : 항공사 - 조업도가 승객수이고, 비단위수준 원가동인이 운항횟수인 경우)

① 손익분기점 승객수 = $\dfrac{\text{비단위수준 변동원가 + 고정원가}}{\text{단위당 공헌이익}}$ → 운항횟수가 제시됨

(비단위수준 변동원가는 승객수에 비례하여 발생하지 않기 때문에 고정원가로 취급하여 분자에 반영함)

② 손익분기점 운항횟수 = $\dfrac{\text{고정원가}}{\text{운항횟수당 공헌이익}}$ → 운항 1회당 승객수가 제시됨

(비단위수준 변동원가는 운항횟수에 비례하여 발생하기 때문에 변동원가로 취급하여 분모의 운항횟수당 공헌이익 계산 시에 반영함)

운항횟수당 공헌이익 = 운항 1회당 승객수 × 단위당 공헌이익 – 비단위수준 변동원가

㈜한국에서 생산하여 판매하는 제품의 수익 및 원가자료는 다음과 같다.

단위당 판매가격	₩2,000
단위당 변동제조원가	600
연간 고정제조간접원가	?
단위당 변동판매관리비	200
연간 고정판매관리비	600,000

생산량이 3,600개일 때 전부원가계산에 의한 손익분기점 판매량이 3,000개라면, 연간 고정제조간접원가는 얼마인가?

① ₩3,000,000　　　　　② ₩3,600,000　　　　　③ ₩4,000,000

④ ₩4,500,000　　　　　⑤ ₩4,800,000

· ·

풀이 생산량과 판매량이 일치하지 않는 경우의 CVP분석

(1) 단위당 매출원가 = x,

$$\underbrace{3{,}000 \times 2{,}000}_{\text{매출액}} = \underbrace{3{,}000 \times x}_{\text{매출원가}} + \underbrace{(3{,}000 \times 200 + 600{,}000)}_{\text{판매관리비}} \qquad \therefore \; x = @1{,}600$$

(2) 연간 고정제조간접원가 = y,

단위당 매출원가(= 단위당 변동제조원가 + $\dfrac{\text{총고정제조간접원가}}{\text{생산량}}$)

$$: 600 + \frac{y}{3{,}600개} = @1{,}600 \qquad \therefore \; y = \textbf{₩3,600,000}$$

정답 ②

POINT 생산량과 판매량이 일치하지 않는 경우의 CVP분석

(1) 변동원가계산하의 손익분기점: 생산량에 따라 달라지지 않음

매출액 = 변동원가 + 고정원가

(2) 전부원가계산하의 손익분기점: 생산량에 따라 달라짐

매출액 = 매출원가 + 판매관리비

㈜한국의 20×1년 영업활동에 관한 자료는 다음과 같다.

단위당 변동원가	₩400
공헌이익률	60%
손익분기점 매출액	₩15,000,000
영업이익	₩600,000

㈜한국은 20×2년 목표영업이익을 ₩750,000으로 설정하였으며, 이를 달성하기 위하여 20×1년보다 고정원가를 ₩3,250,000 늘리고 판매량을 25% 증가시킬 계획이다. 이 경우 20×2년의 단위당 변동원가 추정치는 얼마인가? (단, 단위당 판매가격은 불변이다.)

① ₩350 ② ₩375 ③ ₩400
④ ₩425 ⑤ ₩450

풀이 불확실성하의 CVP분석 – 민감도분석[1]

[자료정리]

구 분	20×1년	20×2년
판매량	?	$? \times 1.25$
단위당 판매가격	$400 \div 0.4 = @1,000$	@1,000
단위당 변동원가	@400	x
고정원가	$15,000,000 \times 0.6 = ₩9,000,000$	$9,000,000 + 3,250,000 = ₩12,250,000$
영업이익	₩600,000	₩750,000

(1) 20×2년 판매량

20×1년 판매량 : $\dfrac{9,000,000 + 600,000}{1,000 - 400} = 16,000$단위

20×2년 판매량 : $16,000$단위 $\times 1.25 = 20,000$단위

(2) 20×2년 단위당 변동원가 $= x$,

20×2년 판매량 : $\dfrac{12,250,000 + 750,000}{1,000 - x} = 20,000$단위 $\therefore x = @350$

정답 ①

해커스 강경태 파이널 1차 원가관리회계

POINT 민감도분석

독립변수인 판매량, 단위당 판매가격, 단위당 변동원가, 총고정원가 등이 변화할 때 종속변수인 이익, 손익분기점 등이 어떻게 변화하는가를 분석하는 기법

→ 주로 변화 전과 변화 후의 이익, 손익분기점 등을 비교하는 문제로서 변화 전과 변화 후의 단위당 판매가격, 단위당 변동원가, 총고정원가 등을 파악하여야 함

문제 47

㈜대한의 20×1년도 안전한계 매출액은 ₩100,000, 고정원가는 ₩120,000, 영업이익은 ₩40,000이다. 20×2년도에 ₩10,000의 광고비를 추가적으로 투입하고 판매가격을 10% 인하하면 판매량이 40% 증가할 것으로 예측하고 있다. 이때 20×2년도 영업이익은 얼마인가?

① ₩32,000   ② ₩38,000   ③ ₩46,000

④ ₩54,600   ⑤ ₩71,600

풀이 불확실성하의 CVP분석 - 민감도분석[2]

	20×1년		20×2년
매 출 액	₩400,000[*2]	× 0.9 × 1.4 =	₩504,000
변동원가	240,000[*1]	× 1.4 =	336,000
공헌이익	₩160,000[*1]		₩168,000
고정원가	120,000	+ 10,000 =	130,000
영업이익	₩40,000		**₩38,000**

[*1] 역산

[*2] '안전한계율 = 영업이익/공헌이익 = 40,000/160,000 = 0.25'이고,
    또한 '안전한계율 = 안전한계 매출액/매출액'이므로 매출액은 100,000/0.25 = ₩400,000이다.

정답 ②

POINT

안전한계율 또는 영업레버리지도를 이용한 추정 문제는 공헌이익 손익계산서를 작성하여 추정하도록 함

㈜한국은 당기에 설립된 회사로서 단일제품을 생산하여 판매하고 있다. 당기 판매량 4,000개에 대한 예상손익계산서는 다음과 같다.

매출액	₩8,000,000
변동원가	3,200,000
공헌이익	4,800,000
고정원가	4,200,000
영업이익	₩600,000

㈜한국의 경영자는 판매촉진을 위해 인터넷 광고를 하려고 한다. 인터넷 광고물 제작에는 ₩300,000의 고정판매관리비가 추가로 지출된다. 인터넷 광고를 하지 않을 경우 판매량은 2,500개와 5,000개 사이에서 균등분포(uniform distribution)를 이루고, 인터넷 광고를 하면 판매량은 3,000개와 6,000개 사이에서 균등하게 분포할 것으로 예상된다. ㈜한국이 인터넷 광고를 함으로써 손익분기점 이상 판매할 확률은 얼마나 증가 또는 감소하는가?

① 15% 감소 ② 10% 감소 ③ 5% 증가
④ 10% 증가 ⑤ 15% 증가

풀이 불확실성하의 CVP분석 – 균등분포

(1) 광고를 하지 않을 경우

1) 손익분기점 판매량 : $\dfrac{4,200,000}{1,200^*}$ = 3,500개

  * 단위당 공헌이익 : 4,800,000 ÷ 4,000개 = @1,200

2) 손익분기점 이상 판매할 확률

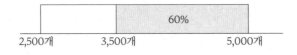

$\dfrac{5,000개 - 3,500개}{5,000개 - 2,500개}$ = 60%

(2) 광고를 할 경우

  1) 손익분기점 판매량 : $\dfrac{4,200,000 + 300,000}{1,200}$ = 3,750개

  2) 손익분기점 이상 판매할 확률

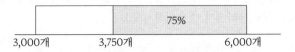

$\dfrac{6,000개 - 3,750개}{6,000개 - 3,000개}$ = 75%

∴ **인터넷 광고를 함으로써 손익분기점 이상 판매할 확률은 75% – 60% = 15% 증가한다.**

정답 ⑤

POINT 균등분포

(1) 확률변수가 일정구간 내에서 정의되며 그 구간 내에서의 확률값이 모두 균등한 연속확률분포

(2) 기대영업이익
   판매량의 확률분포가 균등분포라면,

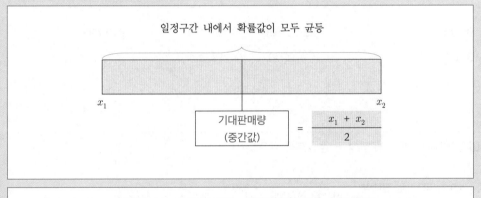

기대영업이익 = 기대판매량 × 단위당 공헌이익 – 고정원가

(3) 손익분기점 이상 판매할 확률
   손익분기점 판매량을 구한 후 확률 계산

㈜한국은 단일제품을 단위당 ₩10,000에 판매하고 있고, 단위당 변동원가는 ₩7,000이며, 연간 고정원가는 ₩1,050,000이다. 판매량은 확률분포를 이루며, 정규분포를 따른다고 가정한다. 판매량의 평균값이 300개이고 표준편차가 70개일 경우에 손익분기점을 달성하지 못할 확률은 얼마인가? (단, 다음 표준정규분포표를 이용하여 답하되, 확률값은 소수점 이하 셋째 자리에서 반올림하시오.)

Z	$P(z \geq Z)$
0.82	0.206
0.81	0.209
0.72	0.235
0.71	0.238
0.62	0.267
0.61	0.270
0.52	0.301
0.51	0.305
0.42	0.337
0.41	0.340

① 0.209　　　　② 0.238　　　　③ 0.730

④ 0.762　　　　⑤ 0.791

· ·

풀이 불확실성하의 CVP분석 – 정규분포

(1) 손익분기점 판매량 : $\dfrac{1,050,000}{10,000 - 7,000}$ = 350개

(2) $P(x < 350)$

$P(Z < \dfrac{350 - 300}{70}) \leftarrow Z = \dfrac{x - E(x)}{\sigma(x)}$

$= P(Z < 0.71)$

$= 1 - P(Z \geq 0.71)$

$= 1 - 0.238 = \textbf{0.762}$

정답 ④

POINT 정규분포

(1) 기댓값(평균)과 표준편차에 의하여 결정되는 완전 대칭의 종모양의 연속확률분포

(2) 손익분기점 이상 판매할 확률

[1단계] 손익분기점 판매량(x)을 구함

[2단계] 정규분포의 확률변수 x값을 표준화 과정을 거쳐서 표준정규분포의 확률변수 Z값으로 바꿈

$$\text{표준화} : Z = \frac{x - E(x)}{\sigma(x)}$$

(Z : 표준정규분포의 값, $E(x)$: x의 평균, $\sigma(x)$: x의 표준편차)

[3단계] 표준정규분포표를 이용하여 손익분기점 이상 판매할 확률을 구함

문제 50

㈜한국은 안정적인 시장환경하에서 제품 A를 생산·판매하고 있다. ㈜한국은 매월 5,000단위의 생산·판매량을 기준으로 예산을 편성하고 있으며, 생산량은 즉시 모두 판매되고 있다. 제품 A의 단위당 표준직접재료원가 자료는 다음과 같다.

표준수량	표준가격	표준원가
2kg	₩10/kg	₩20

3월 초 원재료의 기초재고는 900kg이며, 기말재고는 다음 달 예산판매량의 10%를 생산할 수 있는 원재료 수량을 보유하려고 한다. 또한 3월 초 재공품의 기초재고는 300단위(완성도 30%)이며, 기말재고는 100단위(완성도 20%)를 보유하려고 한다. 원재료는 공정 초에 전량 투입되며, 가공원가는 공정 전반에 걸쳐 균등하게 발생한다. ㈜한국의 3월 원재료구입예산은 얼마인가? (단, 원재료는 모두 직접재료로 사용된다.)

① ₩95,000 ② ₩96,000 ③ ₩97,000
④ ₩98,000 ⑤ ₩99,000

풀이 원재료구입예산 - 재공품이 있는 경우

(1) 원재료구입량

원재료 (3월)

기초	900kg	사용량[1]	4,800단위 × 2kg = 9,600kg
구입량	9,700kg	기말[2]	5,000단위 × 0.1 × 2kg = 1,000kg
	10,600kg		10,600kg

[1] 3월 재료원가 당기완성품환산량 × 제품 단위당 표준직접재료사용량

3월 재료원가 당기완성품환산량 : 5,000단위 + 100단위 × 100% - 300단위 × 100% = 4,800단위

[2] 다음 월 예산판매량 × 10% × 제품 단위당 표준직접재료사용량

(2) 원재료매입액(3월) : 9,700kg × 10 = **₩97,000**

정답 ③

POINT

1. 종합예산의 편성절차

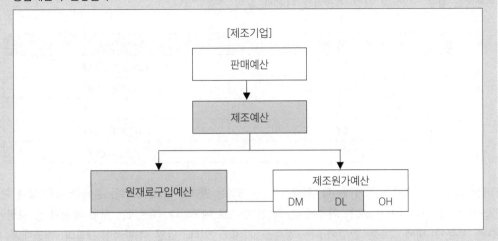

2. 원재료구입예산

$$원재료구입량 = 원재료사용량 + 기말원재료재고량 - 기초원재료재고량$$
$$원재료매입액 = 원재료구입량 × 단위당 구입가격$$

[원재료사용량]

구 분	내 용
재공품이 없는 경우	제품생산량 × 제품 단위당 표준원재료사용량
재공품이 있는 경우	재료원가의 당기완성품환산량 × 제품 단위당 표준원재료사용량

㈜한국은 향후 5개월의 월별 매출액을 다음과 같이 추정하였다.

월	매출액
1월	₩2,500,000
2월	3,000,000
3월	?
4월	4,000,000
5월	4,500,000

㈜한국의 모든 매출은 외상거래이다. 외상매출 중 75%는 판매한 달에, 20%는 판매한 다음 달에 현금회수될 것으로 예상하고, 나머지 5%는 회수가 불가능할 것으로 예상한다. ㈜한국은 당월 매출액 중 당월에 현금회수된 부분에 대해 2%를 할인해주는 정책을 가지고 있다. 만일 ㈜한국이 3월의 매출대금 회수액을 ₩3,172,500으로 예상한다면 3월 추정 매출액은 얼마인가?

① ₩3,000,000　　　　　② ₩3,200,000　　　　　③ ₩3,500,000

④ ₩3,800,000　　　　　⑤ ₩4,000,000

풀이 현금예산 - 매출대금 회수액

3월 매출액 = x,

(1) 회수율(3월)

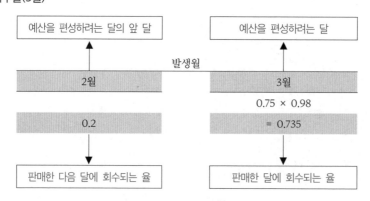

(※ 참고로 회수율 표는 오른쪽에서 왼쪽으로 작성하는 것이 좋다.)

(2) 매출대금 회수액(3월) : 3,000,000 × 0.2 + x × 0.735 = ₩3,172,500　　　　∴ x = ₩3,500,000
　　　　　　　　　　　　　　　2월분　　　　　3월분

정답 ③

POINT 매출대금 회수액을 구하는 절차

[1단계 : 회수율 파악] 어느 달 매출액을 알아야 하는가?
[2단계 : 현금예산] 매출대금 회수액 = 매출액 × 회수율

㈜한국은 상기업으로서 매출총이익률은 20%이다. ㈜한국의 상품 매입은 전액 외상으로 이루어지고, 외상매입금 중 30%는 구매한 달에, 70%는 구매한 달의 다음 달에 현금으로 지급한다. ㈜한국은 매월 말에 다음 달 예상 판매량의 25%를 상품 재고로 보유한다. 20×1년도 예산자료 중 2월, 3월, 4월의 예상 매출액은 다음과 같다.

	2월	3월	4월
예상 매출액	₩1,250,000	₩3,750,000	₩2,500,000

20×1년 3월에 매입대금 지급으로 인한 예상 현금지출액은? (단, 2월, 3월, 4월의 판매단가 및 매입단가는 불변이다.)

① ₩1,750,000   ② ₩1,875,000   ③ ₩2,050,000

④ ₩2,255,000   ⑤ ₩2,500,000

- -

풀이 현금예산 – 매입대금 지급액

(1) 지급률(3월)

	발생월	
	2월	3월
	0.7	0.3

(2) 상품구입예산

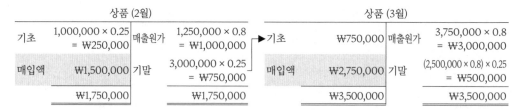

(3) 매입대금 지급액(3월) : 1,500,000 × 0.7 + 2,750,000 × 0.3 = **₩1,875,000**

　　　　　　　　　　　　　　2월분　　　　　　3월분

정답 ②

POINT 매입대금 지급액을 구하는 절차

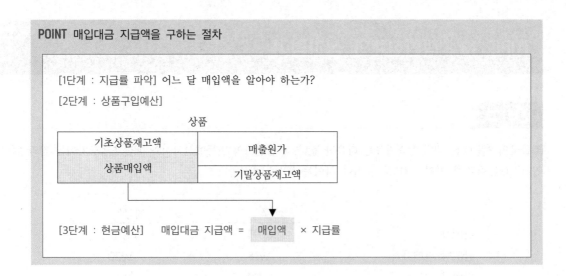

[1단계 : 지급률 파악] 어느 달 매입액을 알아야 하는가?

[2단계 : 상품구입예산]

상품

| 기초상품재고액 | 매출원가 |
| 상품매입액 | 기말상품재고액 |

[3단계 : 현금예산] 매입대금 지급액 = 매입액 × 지급률

문제 53

㈜한국의 3월 예산 대비 실적자료는 다음과 같다. 기업전체의 변동예산차이와 매출조업도차이는 각각 얼마인가? (단, 유리한 차이는 (F)로 불리한 차이는 (U)로 표시한다.)

	실 적	예 산
판매량	500개	600개
단위당 판매가격	₩18	₩20
단위당 변동원가	₩9	₩10
고정원가	₩3,500	₩3,000

	변동예산차이	매출조업도차이
①	₩500 U	₩1,000 U
②	500 F	1,000 F
③	1,000 U	500 U
④	1,000 F	500 F
⑤	1,000 U	1,000 U

풀이 기업전체 성과보고서 - 변동예산차이와 매출조업도차이

	실제성과		변동예산		고정예산	
매 출 액	500개 × 18 =	₩9,000	500개 × 20 =	₩10,000	600개 × 20 =	₩12,000
변동원가	500개 × 9 =	4,500	500개 × 10 =	5,000	600개 × 10 =	6,000
공헌이익	500개 × 9 =	4,500	500개 × 10 =	5,000	600개 × 10 =	6,000
고정원가		3,500		3,000		3,000
영업이익		₩1,000		₩2,000		₩3,000

변동예산차이 ₩1,000 U 매출조업도차이 ₩1,000 U

고정예산차이 ₩2,000 U

정답 ⑤

POINT

1. 기업전체 성과보고서

	실제성과	변동예산	고정예산
매 출 액	실제판매량 × @실제판매가격	실제판매량 × @예산판매가격	예산판매량 × @예산판매가격
변동원가	실제판매량 × @실제변동원가	실제판매량 × @예산변동원가	예산판매량 × @예산변동원가
공헌이익	실제판매량 × @실제공헌이익	실제판매량 × @예산공헌이익	예산판매량 × @예산공헌이익
고정원가	실제(총액)	예산(총액)	예산(총액)
영업이익	실제 영업이익	변동예산 영업이익	고정예산 영업이익

변동예산차이　　　　　　매출조업도차이

고정예산차이

2. 정리사항

   (1) 원가는 왼쪽 수치가 크면 불리한 차이이나, 수익과 이익은 왼쪽 수치가 크면 유리한 차이임
   (2) 변동예산이란 표현은 실제산출량(실제판매량)에 근거한 변동예산을 의미함
   (3) 고정원가는 조업도에 따라 예산금액이 달라지지 않으므로 고정예산과 변동예산이 항상 동일함

㈜한국은 표준원가계산제도를 사용하고 있으며, 20×1년에 직접재료 A와 직접재료 B를 배합하여 80개의 단일제품을 생산하였다. 직접재료의 표준원가 및 실제원가와 관련된 자료는 다음과 같다.

구 분	직접재료 A	직접재료 B
제품 단위당 표준사용량	3kg	3kg
kg당 표준가격	₩100	?
kg당 실제가격	₩120	₩250
총실제사용량	400kg	200kg

㈜한국의 20×1년도 직접재료 가격차이가 ₩18,000 불리한 차이일 때 직접재료 배합차이와 수율차이는 각각 얼마인가? (단, 재고자산은 없는 것으로 가정한다.)

	배합차이	수율차이
①	₩10,000 유리	₩18,000 불리
②	₩10,000 불리	₩18,000 유리
③	₩18,000 유리	₩10,000 불리
④	₩18,000 불리	₩10,000 유리
⑤	₩15,000 불리	₩15,000 불리

풀이 원가중심점의 성과평가 – 배합차이와 수율차이

<표준배합> A : B = 3 : 3 = 50% : 50%

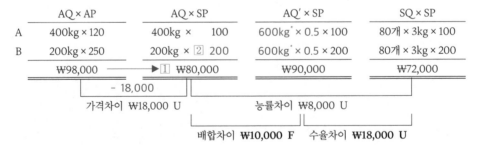

	AQ × AP	AQ × SP	AQ' × SP	SQ × SP
A	400kg × 120	400kg × 100	600kg* × 0.5 × 100	80개 × 3kg × 100
B	200kg × 250	200kg × ② 200	600kg* × 0.5 × 200	80개 × 3kg × 200
	₩98,000 →① ₩80,000		₩90,000	₩72,000

- 18,000

가격차이 ₩18,000 U   능률차이 ₩8,000 U

배합차이 **₩10,000 F**   수율차이 **₩18,000 U**

* 총실제투입량 : 400kg + 200kg = 600kg

정답 ①

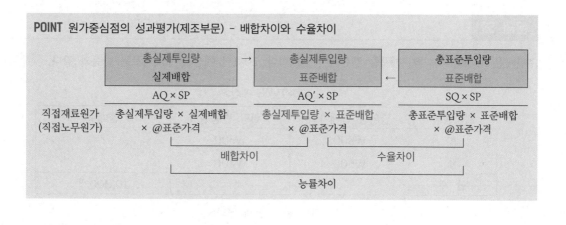

POINT 원가중심점의 성과평가(제조부문) - 배합차이와 수율차이

	총실제투입량 실제배합	$\rightarrow$	총실제투입량 표준배합	$\leftarrow$	총표준투입량 표준배합
	$AQ \times SP$		$AQ' \times SP$		$SQ \times SP$
직접재료원가 (직접노무원가)	총실제투입량 × 실제배합 × @표준가격		총실제투입량 × 표준배합 × @표준가격		총표준투입량 × 표준배합 × @표준가격

배합차이   수율차이

능률차이

㈜한국은 A, B의 두 가지 제품을 생산하여 판매한다. 20×1년 예산과 실제자료는 다음과 같다.

<20×1년도 예산>

제품종류	단위당 판매가격	단위당 변동원가	판매량
A	₩800	₩500	?
B	₩600	₩400	?
합 계			10,000개

<20×1년도 실제 결과>

제품종류	단위당 판매가격	단위당 변동원가	판매량
A	₩780	₩510	6,000개
B	₩560	₩390	5,000개
합 계			11,000개

20×1년도 매출배합차이가 ₩160,000 유리한 차이일 경우 매출수량차이는 얼마인가?

① ₩230,000 불리 ② ₩230,000 유리 ③ ₩235,000 불리

④ ₩240,000 불리 ⑤ ₩240,000 유리

풀이 이익중심점의 성과평가 - 매출배합차이와 매출수량차이

<예산배합> A : B = $x : 1 - x$

	변동예산	변동예산'	고정예산
공헌이익			
A	$6{,}000개 \times 300^{*1}$	$11{,}000개^{*2} \times \boxed{2}\ x \times 300^{*1}$	$10{,}000개 \times \boxed{2}\ 0.4 \times 300^{*1}$
B	$5{,}000개 \times 200^{*1}$	$11{,}000개^{*2} \times (1 - x) \times 200^{*1}$	$10{,}000개 \times\ \ \ 0.6 \times 200^{*1}$
	₩2,800,000 ──────▶	$\boxed{1}$ ₩2,640,000	₩2,400,000

- 160,000

매출배합차이 ₩160,000 F 매출수량차이 **₩240,000 F**

*1 단위당 예산공헌이익
   A : 800 - 500 = @300
   B : 600 - 400 = @200

*2 총실제판매량 : 11,000개

$\boxed{2}$ $1{,}100{,}000x + 2{,}200{,}000 = 2{,}640{,}000$ ∴ $x = 0.4$

정답 ⑤

POINT 이익중심점의 성과평가(판매부문)

1. 매출총차이 - 매출가격차이와 매출조업도차이

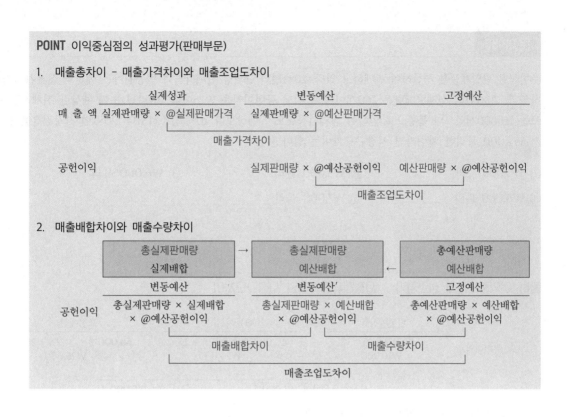

2. 매출배합차이와 매출수량차이

㈜한국은 단일제품을 생산하여 판매하고 있다. 20×1년의 단위당 판매가격과 변동원가는 예산과 실제가 동일하였다. 20×1년의 실제판매량은 760개이며, 단위당 공헌이익은 ₩25이다. 20×1년 초에 예상한 전체시장규모는 50,000개였으나 불황으로 인하여 실제시장규모가 예상보다 20% 감소하였다. 20×1년 시장점유율차이가 ₩1,000 불리한 차이라면 시장규모차이는 얼마인가?

① ₩5,000 유리   ② ₩5,000 불리   ③ ₩6,000 유리

④ ₩6,000 불리   ⑤ ₩7,000 불리

풀이 이익중심점의 성과평가 - 시장점유율차이와 시장규모차이

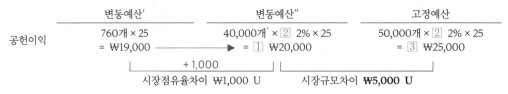

	변동예산′	변동예산″	고정예산
공헌이익	760개 × 25 = ₩19,000	40,000개 × ② 2% × 25 = ① ₩20,000	50,000개 × ② 2% × 25 = ③ ₩25,000

시장점유율차이 ₩1,000 U (+1,000)   시장규모차이 **₩5,000 U**

* 실제시장규모 : 50,000개 × (1 - 0.2) = 40,000개

정답 ②

POINT 이익중심점의 성과평가(판매부문) - 계속

3. 시장점유율차이와 시장규모차이

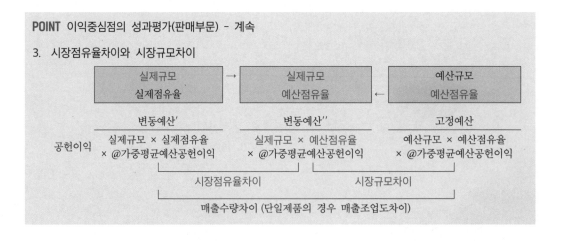

	실제규모 실제점유율	→	실제규모 예산점유율	←	예산규모 예산점유율

	변동예산′	변동예산″	고정예산
공헌이익	실제규모 × 실제점유율 × @가중평균예산공헌이익	실제규모 × 예산점유율 × @가중평균예산공헌이익	예산규모 × 예산점유율 × @가중평균예산공헌이익

시장점유율차이   시장규모차이

매출수량차이 (단일제품의 경우 매출조업도차이)

20×1년도 ㈜한국의 A 사업부에 대한 자료는 다음과 같다.

변동원가	₩200,000
고정원가	150,000
총자산(영업자산)	100,000
유동부채	20,000

㈜한국의 자금원천은 두 가지인데, 하나는 시장가치가 ₩80,000, 이자율이 5%인 타인자본이고 다른 하나는 시장가치가 ₩120,000, 자본비용이 8%인 자기자본이다. 법인세율은 40%이다. 20×1년 A 사업부의 경제적 부가가치가 ₩85,200일 경우 매출액은 얼마인가?

① ₩300,000 ② ₩400,000 ③ ₩500,000

④ ₩600,000 ⑤ ₩700,000

풀이 투자중심점의 성과평가 - 경제적 부가가치

(1) 가중평균자본비용 : $5\% \times (1 - 0.4) \times \dfrac{80,000}{200,000} + 8\% \times \dfrac{120,000}{200,000} = 6\%$

(2) 영업이익 = x,

EVA : $x \times (1 - 0.4) - (100,000 - 20,000) \times 6\% = ₩85,200$ ∴ x = ₩150,000

(3) 매출액 = S,

영업이익 : S - 200,000 - 150,000 = 150,000   ∴ S = **₩500,000**

정답 ③

POINT 투자중심점의 성과평가(사업부)

1. 투자수익률(ROI)

$$ROI = \frac{이익}{투자액}$$

구 분	내 용
장 점	투자중심점 간 투자규모가 서로 다를 경우에도 성과비교가 가능
단 점	준최적화 현상을 유발할 수 있음(기업전체관점에서는 채택하는 것이 유리한 투자안을 사업부가 기각할 가능성이 있음)

2. 잔여이익(RI)

$$RI = 이익 - 투자액 \times 최저필수수익률$$
$$= 투자액 \times (투자수익률 - 최저필수수익률)$$

장단점은 ROI와 반대임

3. 경제적 부가가치(EVA)

$$EVA = 세후영업이익 - 투하자본 \times 가중평균자본비용(WACC)$$

① 세후영업이익 = 영업이익 × (1 - 법인세율)

② 투하자본 = 총자산 - 유동부채

③ $WACC = 세후타인자본비용 \times \dfrac{타인자본}{타인자본 + 자기자본} + 자기자본비용 \times \dfrac{자기자본}{타인자본 + 자기자본}$

문제 58

㈜한국은 연간 A제품 5,000대를 단위당 ₩1,000에 정규판매하고 있다. A제품의 단위당 변동제조원가는 ₩600이며, 단위당 변동판매관리비는 ₩100이다. ㈜한국은 ㈜대한으로부터 20×1년도에 A제품 2,000대를 단위당 ₩800의 가격으로 구입하겠다는 1회성 특별주문을 받았다. 특별주문에는 변동판매관리비가 발생하지 않으며, 특별주문을 수락하기 위해서는 정규판매를 일부 감소시켜야 한다. 만일 ㈜한국이 ㈜대한의 특별주문을 받아들일 경우 이익이 ₩100,000만큼 증가한다면 ㈜한국의 A제품 생산능력은 연간 몇 대이겠는가?

① 5,500대 　　　　② 6,000대 　　　　③ 6,500대
④ 7,000대 　　　　⑤ 7,500대

- -

풀이 특별주문의 거절 또는 수락 – 추정

[특별주문 수락 시 증분이익]

관련항목	금 액	계산내역
(+) 매출액 증가	1,600,000	= 2,000대 × 800
(−) 변동원가 증가	(1,200,000)	= 2,000대 × 600
(−) 기존공헌이익 감소	(300,000)[*1]	= 1,000대[*2] × (1,000 − 600 − 100)
	₩100,000	

*1 역산(1,600,000 − 1,200,000 − x = 100,000 　　∴ x = ₩300,000)

*2 300,000 ÷ 300 = 1,000대

∴ 생산능력 : (5,000대 − 1,000대) + 2,000대 = **6,000대**

정답 ②

POINT

1. 관련원가와 비관련원가

```
        과거원가                              미래원가
           │                            지출 O ┌─────┴─────┐ 지출 ×
           │                                   │           │
        매몰원가                            지출원가      기회원가
           │                                   │           │
           │                    ┌──────────────┴──────────────┐
           │              차이가 나지 않는           차이가 나는
           │                지출원가*1              지출원가*2
           │                    │                       │
           └────────────────────┘                       │
                    │                                    │
                비관련원가                            관련원가
```

*1 회피불능원가가 대표적인 예
*2 증분지출원가(증가하는 지출원가)와 회피가능원가가 대표적인 예

2. 특별주문 수락 시 관련항목

```
   기존판매  ◄──────  최대생산능력  ──────►  특별주문
```

③ 기존공헌이익(임대수익) 감소(특별주문 수락 시의 기회원가)   ① 매출액 증가
   → 유휴생산능력이 부족한 경우에만 발생함   ② 지출원가 증가*

* 지출원가 증가 : (특별주문) 변동원가 증가 + 고정원가는 증가 언급이 있는 경우

㈜한국은 단일제품 A를 생산·판매하고 있으며, 최대생산능력은 10,000단위이다. 회사는 20×1년에 제품 A를 7,500단위 생산하여 정규시장에 단위당 ₩380에 판매할 계획을 세우던 중 ㈜대한으로부터 제품 A 3,000단위를 구입하겠다는 특별주문을 받았다. 특별주문은 전량을 수락하거나 또는 기각하여야 하며, 특별주문을 수락할만한 유휴생산능력이 부족한 경우에는 정규시장 판매를 감소시킬 예정이다. 제품 A의 단위당 기본원가(prime cost)는 ₩200, 단위당 변동판매관리비는 ₩20이며, 조업도 수준에 따른 총제조간접원가는 다음과 같다.

조업도 수준	총제조간접원가
최대생산능력의 55%	₩1,750,000
최대생산능력의 65%	1,830,000
최대생산능력의 75%	1,940,000
최대생산능력의 80%	2,000,000

특별주문은 변동판매관리비를 50% 절감가능하며, 원가추정은 고저점법을 사용한다. ㈜한국이 ㈜대한의 특별주문을 수락할 수 있는 최소판매가격은 얼마인가?

① ₩290 ② ₩300 ③ ₩310
④ ₩320 ⑤ ₩330

풀이 특별주문의 거절 또는 수락 - 최소판매가격

특별주문을 수락할만한 유휴생산능력이 (7,500단위 + 3,000단위) - 10,000단위 = 500단위 부족하다.

단위당 최소판매가격 = x,

[특별주문 수락 시 증분이익]

관련항목	금 액	계산내역
(+) 매출액 증가	$3,000x$	= 3,000단위 × x
(-) 변동원가 증가	(930,000)	= 3,000단위 × 310*
(-) 기존공헌이익 감소	(30,000)	= 500단위 × (380 - 320*)
	$3,000x - 960,000$	

* 단위당 변동제조간접원가 : $\dfrac{2,000,000 - 1,750,000}{10,000단위 \times 0.8 - 10,000단위 \times 0.55}$ = @100

단위당 변동원가
특별주문 : 200 + 100 + 20 × 0.5 = @310
정규주문 : 200 + 100 + 20 = @320

$3,000x - 960,000 = 0$ ∴ x = @320

해커스 강경태 파이널 1차 원가관리회계

PART 2 관리회계

별해

$$\text{최소판매가격}: \underbrace{310}_{\text{@증분지출원가}} + \underbrace{\frac{500\text{단위} \times (380 - 320)}{3,000\text{단위}}}_{\text{@기회원가}} = \text{@320}$$

정답 ④

POINT 특별주문을 수락할 수 있는 최소판매가격

(1) [증분접근법] 특별주문 수락 시의 '증분이익 = ₩0'을 충족하는 단위당 판매가격

(2) [공 식 법] 특별주문 수락 시의 관련원가를 회수하는 단위당 판매가격

$$\text{최소판매가격} = \text{단위당 증분지출원가} + \text{단위당 기회원가}$$
$$= \frac{\text{총증분지출원가}}{\text{총특별주문수량}} + \frac{\text{총기회원가}}{\text{총특별주문수량}}$$

㈜한국은 제품생산에 소요되는 부품을 자가제조하고 있다. 연간 제품생산에 필요한 부품 10,000개를 자가제조하는데 발생하는 제조원가는 다음과 같다.

	단위당 원가	총원가
직접재료원가	₩8	₩80,000
직접노무원가	12	120,000
변동제조간접원가	6	60,000
고정제조간접원가	5	50,000
	₩31	₩310,000

㈜한국은 최근 ㈜대한으로부터 부품을 공급해 주겠다는 제안을 받고 외부구입을 검토 중이다. 만일 ㈜한국이 부품을 자가제조하지 않으면 고정제조간접원가의 40%를 절감할 수 있으며, 부품을 생산하던 공간과 설비를 임대하여 연간 ₩20,000의 임대수익을 얻을 수 있다고 한다. 이 때 부품 외부구입 시 지불할 용의가 있는 단위당 최대구입가격은 얼마인가?

① ₩28   ② ₩29   ③ ₩30

④ ₩31   ⑤ ₩32

풀이 부품의 자가제조 또는 외부구입

단위당 최대구입가격 = x,

[부품 외부구입 시 증분이익]

관련항목	금 액	계산내역
(-) 구입원가 증가	$(10,000x)$ =	10,000개 × x
(+) 변동제조원가 감소	260,000 =	10,000개 × (8 + 12 + 6)
(+) 고정제조간접원가 감소	20,000 =	50,000 × 0.4
(+) 임대수익 증가	20,000	
	$-10,000x + 300,000$	

$-10,000x + 300,000 = 0$ $\therefore x = @30$

정답 ③

POINT

1. 부품 외부구입 시 관련항목

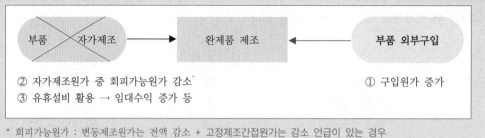

* 회피가능원가 : 변동제조원가는 전액 감소 + 고정제조간접원가는 감소 언급이 있는 경우

2. 부품 외부구입 시 지불할 수 있는 최대구입가격

[증분접근법] 부품 외부구입 시의 '증분이익 = ₩0'을 충족하는 단위당 구입가격

㈜한국은 보조부문 S1과 S2, 제조부문 P1과 P2를 사용하여 제품을 생산하고 있다. 20×1년에 각 보조부문이 생산하여 타부문에 제공할 용역의 양과 보조부문의 원가에 관한 예산자료는 다음과 같다.

- 보조부문의 용역생산량과 타부문에 제공할 용역량

보조부문	보조부문의 용역생산량	각 보조부문이 타부분에 제공할 용역량			
		S1	S2	P1	P2
S1	5,000단위	–	1,000단위	2,000단위	2,000단위
S2	6,000단위	1,500단위	1,000단위	2,000단위	1,500단위

- S1과 S2의 변동원가는 각각 ₩150,000과 ₩120,000이다.
- S1과 S2의 고정원가는 각각 ₩180,000과 ₩100,000이다.

20×1년 초에 ㈜한국은 ㈜대한으로부터 현재 부문 S2에서 제공하고 있는 용역을 단위당 ₩50에 공급해 주겠다는 제안을 받았다. 이 제안을 수락할 경우, ㈜한국은 부문 S2의 고정원가를 40%만큼 절감할 수 있으며 부문 S2의 설비를 타사에 임대하여 연간 ₩50,000의 임대수익을 얻을 수 있다. ㈜한국이 ㈜대한의 제안을 수락할 경우 20×1년 이익은 예산에 비해 얼마나 증가하는가?

① ₩5,000   ② ₩7,500   ③ ₩10,000

④ ₩12,500   ⑤ ₩15,000

풀이 보조부문의 유지 또는 폐쇄 - 자기부문 소비용역

[외부구입량]

* 6,000단위 - 1,000단위(자기부문 소비용역) = 5,000단위

외부구입량 : 5,000단위 - 5,000단위 × 0.3 × 0.2 = 4,700단위

　　　　　<u>자가생산량 - 자가생산량 × (폐쇄 → 유지 → 폐쇄) 비율</u>

[S2 용역 외부구입 시 증분이익]

	관련항목	금 액	계산내역
(-)	구입원가 증가	(235,000)	= 4,700단위 × 50
(+)	변동원가 감소	150,000	= 120,000 + 150,000 × 0.2
(+)	고정원가 감소	40,000	= 100,000 × 0.4
(+)	임대수익 증가	50,000	
		₩5,000	

정답 ①

POINT

1. 보조부문 폐쇄 시 관련항목

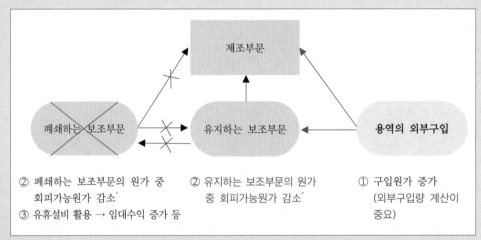

② 폐쇄하는 보조부문의 원가 중 회피가능원가 감소[*]
③ 유휴설비 활용 → 임대수익 증가 등

② 유지하는 보조부문의 원가 중 회피가능원가 감소[*]

① 구입원가 증가 (외부구입량 계산이 중요)

* 회피가능원가 : 폐쇄하는 보조부문의 변동원가는 전액 감소 + 유지하는 보조부문의 변동원가는 (유지 → 폐쇄) 비율 만큼 감소 + 고정원가는 감소 언급이 있는 경우

2. 외부구입량

외부구입량 = 자가생산량 - 용역감소량
　　　　　 = 자가생산량 - 자가생산량 × (폐쇄 → 유지 → 폐쇄) 비율

㈜한국은 제품 A와 제품 B를 생산·판매하고 있으며, 20×1년 제품별 손익계산서는 다음과 같다.

	A	B	합 계
매 출 액	₩200,000	₩300,000	₩500,000
매출원가			
직접재료원가	60,000	80,000	140,000
직접노무원가	50,000	60,000	110,000
제조간접원가	45,000	35,000	80,000
	155,000	175,000	330,000
매출총이익	₩45,000	₩125,000	₩170,000
판매관리비	60,000	100,000	160,000
영업이익(손실)	₩(15,000)	₩25,000	₩10,000

㈜한국의 20×1년 제조간접원가 ₩80,000 중 ₩55,000은 작업준비원가이며, 나머지 ₩25,000은 공장설비의 감가상각비이다. 작업준비원가는 뱃치(batch)수에 따라 변동하며, 공장설비의 감가상각비는 회피불능원가로서 매출액을 기준으로 각 제품에 배부된다. 각 제품의 판매관리비 중 50%는 변동원가이고 나머지는 회피불능한 고정원가이다. 만일 제품 A의 생산라인을 폐지하면, 제품 B의 판매량은 30% 증가하게 되며 제품 B의 뱃치수는 20% 증가할 것으로 기대된다. 20×2년에도 제품별 수익 및 원가구조는 전년도와 동일하게 유지될 것으로 예상된다. ㈜한국이 20×2년 초에 제품 A의 생산라인을 폐지할 경우 연간 증분이익은 얼마인가?

① ₩4,000　　　　　② ₩5,000　　　　　③ ₩6,000

④ ₩7,000　　　　　⑤ ₩8,000

풀이 제품라인의 유지 또는 폐지

[자료정리] 제조간접원가 분석

	A	B	합 계
제조간접원가	₩45,000	₩35,000	₩80,000
감가상각비(2 : 3)	10,000	15,000	25,000
작업준비원가	₩35,000	₩20,000	₩55,000

[제품 A의 생산라인 폐지 시 증분이익]

관련항목	금 액	계산내역
(−) 매출액 감소(A)	(200,000)	
(+) 변동원가 감소(A)	140,000	= 60,000 + 50,000 + 60,000 × 0.5
(+) 작업준비원가 감소(A)	35,000	
(+) 매출액 증가(B)	90,000	= 300,000 × 0.3
(−) 변동원가 증가(B)	(57,000)	= (80,000 + 60,000 + 100,000 × 0.5) × 0.3
(−) 작업준비원가 증가(B)	(4,000)	= 20,000 × 0.2
	₩4,000	

정답 ①

POINT

1. 제품라인 폐지 시 관련항목

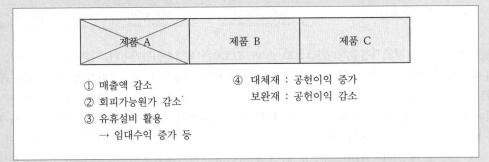

제품 A	제품 B	제품 C

① 매출액 감소
② 회피가능원가 감소
③ 유휴설비 활용
　→ 임대수익 증가 등

④ 대체재 : 공헌이익 증가
　보완재 : 공헌이익 감소

* 회피가능원가 : 폐지하는 제품의 변동원가는 전액 감소 + 고정원가는 감소 언급이 있는 경우

2. 활동기준원가계산하의 의사결정

$$원가함수 : y' = a + b_1 x_1 + b_2 x_2 + b_3 x_3 + \cdots$$

$$\left(\begin{array}{ll} x, \ x_1, \ x_2, \ \dots : 원가동인수 & a : 총고정원가 \ 추정치 \\ y' : 총원가 \ 추정치 & b_1, \ b_2, \ b_3, \ \dots : 원가동인 \ 단위당 \ 변동원가 \ 추정치 \end{array} \right)$$

단위수준 변동원가($b_1 x_1$ 등)와 비단위수준 변동원가($b_2 x_2$, $b_3 x_3$ 등) 모두 의사결정 시 변동원가임(문제에서 직접재료원가와 직접노무원가 및 변동판매관리비는 단위수준 변동원가이고, 작업준비원가는 비단위수준 변동원가임)

㈜한국은 다음과 같은 2가지 제품을 동일한 생산라인에서 동일한 기계를 이용하여 생산·판매하고 있다. 생산·판매와 관련된 자료는 다음과 같다.

구 분	A 제품	B 제품
단위당 판매가격	₩2,500	₩1,500
단위당 변동원가	₩900	₩400
단위당 기계시간	4시간	2시간
월간 최대시장수요	300개	600개

㈜한국의 월간 이용가능한 기계시간은 1,200시간이다. 현재 ㈜한국은 기계를 가장 효율적으로 가동하고 있으며, 새로운 C 제품을 생산라인에 추가할 지를 고려하고 있다. C 제품의 단위당 변동원가는 ₩1,000이며 단위당 기계시간은 2시간이다. ㈜한국이 생산한 제품은 모두 판매할 수 있으며, C 제품을 추가하여도 기존 제품의 판매가격과 원가의 변동은 없다. C 제품을 생산라인에 추가하여서 영업이익을 증가시키고자 한다면, C 제품의 단위당 판매가격은 최소한 얼마를 초과하여야 하는가?

① ₩1,700   ② ₩1,800   ③ ₩1,900

④ ₩2,000   ⑤ ₩2,100

풀이 제한된 자원의 사용

C 제품의 단위당 판매가격 = x,

	A (300개)	B (600개)	C
단위당 판매가격	@2,500	@1,500	x
단위당 변동원가	900	400	1,000
단위당 공헌이익	1,600	1,100	$x - 1,000$
단위당 기계시간	÷ 4시간	÷ 2시간	÷ 2시간
기계시간당 공헌이익	@400	@550	$0.5x - 500$
생산순위	2순위	1순위	
기계시간 (1,200시간)	–	② 1,200시간	
최적생산계획	–	① 600개	

B 제품의 기계시간당 공헌이익 = C 제품의 기계시간당 공헌이익

$550 = 0.5x - 500$ ∴ x = @2,100

정답 ⑤

POINT

1. 제한된 자원의 사용이란?
   최적생산계획의 수립(최적제품배합의 결정) 의사결정

2. 제한된 자원이 하나인 경우
   고정원가가 일정한 경우라면 '제한된 자원 단위당 공헌이익이 큰 제품부터 우선적으로 생산'하여야 함

3. 문제해석
   (1) 현재 기계를 가장 효율적으로 가동하고 있다는 것은 현재 최적생산계획에 의하여 생산을 하고 있다는 것임
   (2) C 제품을 생산하기 위한 조건식

실제 생산하는 제품들 중에서 가장 낮은 순위의 기계시간당 공헌이익	≤	C 제품의 기계시간당 공헌이익

㈜한국은 제품 A와 B를 생산하여 판매하고 있으며, 매월 예상되는 최대수요량은 제품 A가 2,000개, B가 1,000개이다. 제품 A와 B는 동일한 기계장치를 사용하여 제조되며, 회사의 이용가능한 기계시간은 월간 5,000시간이다. 기계시간당 제품 A는 0.5개, 제품 B는 0.25개를 생산한다. 제품 A와 B의 단위당 공헌이익은 다음과 같다.

	제품 A	제품 B
판매가격	₩1,000	₩1,600
변동원가	600	1,000
공헌이익	₩400	₩600

㈜한국은 1월 말에 외국업체로부터 2월 중에 제품 A를 단위당 판매가격 ₩970에 1,000개를 구매하겠다는 특별주문을 받았다. 만일 ㈜한국이 이러한 특별주문을 수락한다면 증분이익은 얼마인가? (단, ㈜한국은 매월 최적의 생산 및 판매를 하고 있다고 가정한다.)

① ₩10,000 ② ₩15,000 ③ ₩20,000

④ ₩25,000 ⑤ ₩30,000

풀이 제한된 자원의 사용 + 특별주문의 거절 또는 수락

(1) 기존제품의 최적생산계획

	A(2,000개)	B(1,000개)
단위당 공헌이익	@400	@600
단위당 기계시간*	÷ 2시간	÷ 4시간
기계시간당 공헌이익	@200	@150
생산순위	1순위	2순위
기계시간(5,000시간)	② 4,000시간	③ 1,000시간
최적생산계획	① 2,000개	④ 250개

   * A : 1시간 ÷ 0.5개 = 2시간/개
     B : 1시간 ÷ 0.25개 = 4시간/개

(2) 특별주문의 수락여부

특별주문 1,000개 × 2시간 = 2,000시간 필요 → 2순위 제품 B를 250개(1,000시간) + 1순위 제품 A를 500개(1,000시간) 감소(특별주문 수락 시의 기회원가)

[특별주문 수락 시 증분이익]

관련항목	금 액	계산내역
(+) 매출액 증가	970,000	= 1,000개 × 970
(−) 변동원가 증가	(600,000)	= 1,000개 × 600
(−) 기존공헌이익 감소*	(350,000)	= 250개 × 600 + 500개 × 400
	₩20,000	

* 또는 1,000시간 × 150 + 1,000시간 × 200 = ₩350,000

정답 ③

POINT 제한된 자원의 사용 + 특별주문의 거절 또는 수락

[특별주문 수락 시 관련항목]

③ 기존공헌이익 감소(특별주문 수락 시의 기회원가)
→ 실제 생산하는 제품들 중에서 생산순위가 후순위인 제품부터 판매 감소로 인한 공헌이익 상실액(유휴생산능력이 부족한 경우로서 제한된 자원의 사용에 의한 기존제품의 최적생산계획 수립이 필요)

㈜한국은 제품 A와 B를 생산하여 판매하고 있다. 제품 A의 단위당 공헌이익은 ₩200이고, 제품 B의 단위당 공헌이익은 ₩300이다. 연간 이용가능한 기계시간과 직접노무시간은 각각 1,200시간과 1,500시간이다. 제품 A에 대한 시장수요는 무한하나, 제품 B에 대한 시장수요는 연간 400개이다. 제품 단위당 소요되는 기계시간과 직접노무시간은 다음과 같다.

구 분	제품 A	제품 B
단위당 기계시간	1시간	2시간
단위당 직접노무시간	2시간	1시간

최적의 제품생산배합에 의해 얻을 수 있는 최대의 연간 공헌이익은 얼마인가?

① ₩200,000 　　　　② ₩210,000 　　　　③ ₩220,000

④ ₩230,000 　　　　⑤ ₩240,000

풀이 제한된 자원의 사용 - 선형계획법

제품 A, B의 생산·판매량을 각각 A, B라 하면,

[1단계] 목적함수 : 최대화 Z = 200A + 300B(공헌이익의 최대화)

[2단계] 제약조건 : A + 2B ≤ 1,200(기계시간의 제한)

　　　　　　　　2A + B ≤ 1,500(직접노무시간의 제한)

　　　　　　　　　B ≤ 400(시장수요의 제한)

　　　　　　　A, B ≥ 0

[3단계] 실행가능영역 :

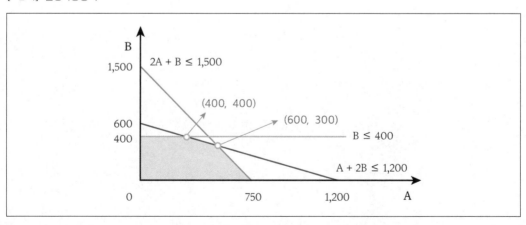

[4단계] 최적해 결정 : 목적함수를 최대화하는 점은 (750, 0), (600, 300), (400, 400) 중의 하나이다.

대 안*	목적함수 값
(750, 0)	₩150,000
(600, 300)	**210,000**
(400, 400)	200,000

* 대안 (0, 400)은 대안 (400, 400)보다 항상 불리하므로 계산할 필요가 없다.

∴ **최대의 공헌이익은 ₩210,000이다.**

정답 ②

POINT 제한된 자원이 둘 이상인 경우 - 선형계획법

[1단계] 목적함수(공헌이익 최대화 등) 설정
[2단계] 제약조건 식 표시
[3단계] 그래프에 실행가능영역(제약조건을 모두 충족시키는 영역) 표시
[4단계] 최적해(실행가능영역의 꼭짓점에 존재) 결정

TOPIC 15 │ 자본예산

문제 66

㈜한국은 자동화설비를 ₩1,000,000에 취득하려고 한다. 회사의 원가담당자는 자동화설비를 도입함으로써 매년 현금영업비용이 ₩300,000 절감할 것으로 예상하고 있다. 자동화설비의 내용연수는 5년이고 잔존가치는 없으며 정액법으로 감가상각할 예정이다. 자동화설비의 5년 후 추정 처분가액은 ₩50,000이다. ㈜한국의 할인율은 10%이며 법인세율이 20%일 경우 자동화설비 투자안의 순현재가치는 얼마인가? (단, 10%, 5년의 현가계수는 0.621이고, 연금현가계수는 3.791이다.)

① ₩85,240   ② ₩86,320   ③ ₩87,680

④ ₩88,560   ⑤ ₩89,480

풀이 자본예산 – 순현재가치법

[설비 취득 시 증분현금흐름]

	0	1	⋯	5
1) 투자시작시점				
설비 취득	(1,000,000)			
2) 투자기간 중				
영업현금흐름[*1]		280,000	⋯	280,000
3) 투자종료시점				
설비 처분[*2]				40,000

[*1] 감가상각비 : $\dfrac{1,000,000 - 0}{5}$ = ₩200,000

영업현금흐름 : $\underline{300,000 \times (1 - 0.2) + 200,000 \times 0.2}$ = ₩280,000

$\qquad\qquad\qquad (S - O) \times (1 - t) + D \times t$

[*2] 설비의 처분으로 인한 현금유입액 : $\underline{50,000 - (50,000 - 0) \times 0.2}$ = ₩40,000

$\qquad\qquad\qquad\qquad$ 처분가액 - (처분가액 - 장부가액) × 법인세율

NPV : $-1,000,000 + 280,000 \times 3.791 + 40,000 \times 0.621$ = **₩86,320**

정답 ②

POINT

1. 설비 취득 시 투자시점별 증분현금흐름

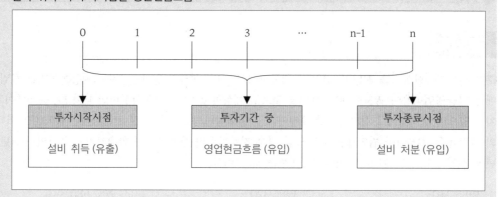

투자시작시점	투자기간 중	투자종료시점
설비 취득 (유출)	영업현금흐름 (유입)	설비 처분 (유입)

2. 주요 현금흐름

    (1) 영업현금흐름

매출액	S
현금영업비용	$- O$
세전영업현금흐름(현금영업이익)	$(S - O)$
영업활동관련 법인세[1]	$-(S - O - D) \times t$
세후영업현금흐름	$(S - O) \times (1 - t) + D \times t$ [2]

    (단, D : 감가상각비, t : 법인세율)

    [1] (발생주의) 영업이익 × 법인세율

    [2] D × t : 감가상각비의 감세효과

    (2) 설비의 처분으로 인한 현금유입액

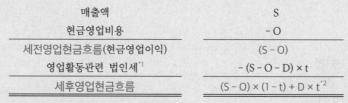

    설비의 처분으로 인한 현금유입액 = 처분가액 − (처분가액 − 장부가액) × 법인세율

3. 투자안의 경제성분석 방법

    (1) 순현재가치(NPV) = 현금유입액의 현재가치 − 현금유출액의 현재가치
        (할인율 : 자본비용, 최저필수수익률, 요구수익률)

    (2) 내부수익률(IRR) : 'NPV = ₩0'을 충족시키는 할인율

    (3) 회수기간 = $\dfrac{투자액}{연간\ 순현금유입액}$ (연간 순현금유입액이 일정한 경우)

    (4) 회계적이익률(ARR) = $\dfrac{연평균순이익}{최초투자액(또는\ 평균투자액)}$ (발생주의 모형)

㈜한국은 컴퓨터 전문 제조업체이다. 최근 신규 사업으로 핸드폰을 제조할 계획이며, 이를 위해서 취득원가가 ₩2,000,000인 설비를 취득하려고 한다. 설비의 내용연수는 4년이고 잔존가치는 없다. 설비를 취득하여 핸드폰을 생산·판매할 경우 매년 예상되는 영업현금흐름은 다음과 같다.

1년	2년	3년	4년	합계
₩1,000,000	₩700,000	₩400,000	₩400,000	₩2,500,000

설비는 정액법에 의하여 감가상각한다. 이 투자안에 대한 회수기간은? (단, 소수점 셋째 자리에서 반올림하시오.)

① 2.25년　　　　　② 2.50년　　　　　③ 2.67년
④ 2.75년　　　　　⑤ 3.25년

풀이 자본예산 – 회수기간법

(1) 투자액 : ₩2,000,000

(2) 누적 순현금유입액

연 도	1	2	3	4
순현금유입액	₩1,000,000	₩700,000	₩400,000	₩400,000
누적 순현금유입액	1,000,000	1,700,000	2,100,000	2,500,000

투자액 ₩2,000,000

(3) 보간법 적용

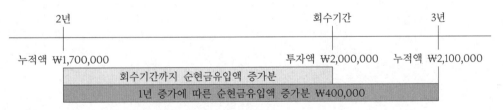

$$회수기간 : 2년 + 1년 \times \frac{2,000,000 - 1,700,000}{400,000} = \textbf{2.75년}$$

정답 ④

POINT

1. 연간 순현금유입액이 일정하지 않은 경우 회수기간

> 회수기간 : '투자액 = 누적 순현금유입액'인 기간

2. 장단점 비교

		화폐의 시간가치 고려	현금흐름 모형	수익성 고려
할인모형	순현재가치법	O	O	O
	내부수익률법	O	O	O
비할인모형	회수기간법	×	O	×
	회계적이익률법	×	×	O

(O : 상대적 장점, × : 상대적 단점)

문제 68

㈜한국은 교육용 기자재를 개발하여 판매하고 있다. 교육용 기자재의 단위당 판매가격은 ₩20,000이고 단위당 변동원가는 ₩13,000이다. ㈜한국은 곧 개최되는 박람회에 참가하려고 하는데 박람회 주관기관에서 부스(booth)임차료와 관련하여 다음의 2가지 지급방안을 제안하였다.

<방안 1> 고정임차료 ₩3,000,000 지급
<방안 2> 고정임차료 ₩500,000과 매출액의 10% 지급

㈜한국은 과거 경험에 기초하여 박람회 기간 동안 교육용 기자재 1,000개와 2,000개를 판매할 확률을 각각 60%와 40%로 평가하였다. 박람회 기간 동안 교육용 기자재의 판매량에 관하여 완전한 예측을 해주는 완전 정보시스템이 있다면, 다음 설명 중 옳은 것은?

① 기존정보하의 기대가치는 ₩6,500,000이다.

② 완전정보하의 기대가치는 ₩7,000,000이다.

③ 완전정보의 기대가치는 ₩300,000이다.

④ 기존정보하에서 기대가치가 가장 큰 대안을 선택하였고 실제로 교육용 기자재가 1,000개 판매된 경우 예측오차의 원가는 ₩0이다.

⑤ 기존정보하에서 기대가치가 가장 큰 대안을 선택하였고 실제로 교육용 기자재가 2,000개 판매된 경우 예측오차의 원가는 ₩1,500,000이다.

풀이 불확실성하의 의사결정 - 성과표, EVPI, 예측오차의 원가

(1) 성과표 작성

대 안	상 황		기대가치[3]
	S_1 : 1,000개 (0.6)	S_2 : 2,000개 (0.4)	
a_1 : 방안 1[1]	₩4,000,000	₩11,000,000	**₩6,800,000**
a_2 : 방안 2[2]	₩4,500,000	₩9,500,000	₩6,500,000

[1] 영업이익 : 판매량 × (20,000 - 13,000) - 3,000,000

[2] 영업이익 : 판매량 × {20,000 - (13,000 + 20,000 × 10%)} - 500,000

[3] 기대가치

$E(a_1)$ = 4,000,000 × 0.6 + 11,000,000 × 0.4 = ₩6,800,000 → 최적

$E(a_2)$ = 4,500,000 × 0.6 + 9,500,000 × 0.4 = ₩6,500,000

(2) EVPI 계산

완전정보하의 기대가치	4,500,000 × 0.6 + 11,000,000 × 0.4 =	**₩7,100,000**
기존정보하의 기대가치		6,800,000
완전정보의 기대가치(EVPI)		**₩300,000**

(3) <방안 1> 선택 시 예측오차의 원가(기회손실)

④ 판매량 1,000개인 경우 : 4,500,000 - 4,000,000 = **₩500,000**

⑤ 판매량 2,000개인 경우 : 11,000,000 - 11,000,000 = **₩0**

                      최적결과   실제결과

정답 ③

POINT

1. 완전정보의 기대가치(EVPI)

완전정보의 가치(완전정보를 얻기 위하여 지불할 수 있는 최대금액, 완전정보를 이용한다고 가정할 경우 증가하는 기대가치)를 의미함

> EVPI = 완전정보하의 기대가치 - 기존정보하의 기대가치

(1) 완전정보하의 기대가치 : 완전정보를 이용한다고 가정할 경우 얻을 수 있는 성과의 기대가치

> Σ(각 정보별 최적대안의 기대가치 × 각 상황에 대한 정보가 보고될 확률)
> = Σ(각 정보별 최적대안의 성과 × 각 상황이 발생할 확률) → 완전정보의 경우 성립

(2) 기존정보하의 기대가치 : 대안별 기대가치 중 최댓값

2. 예측오차의 원가(기회손실, 조건부손실)

예측오차(잘못된 예측)로 인해 발생하는 손실을 의미함

> 예측오차의 원가 = 사후적인 최적결과 - 실제결과

㈜한국은 공정이 정상인지에 대해 조사 여부를 결정하고자 한다. 공정의 조사비용은 ₩50,000이며, 조사후 공정이 비정상 상태일 때 수정비용은 ₩150,000이다. 공정이 비정상인데 조사하지 않으면 손실 ₩300,000이 발생한다. 공정이 정상일 확률은 40%이고, 비정상일 확률은 60%이다. 공정 상태에 대해 완전한 예측을 해주는 완전정보시스템이 있다면 그 완전정보를 얻기 위하여 지불할 수 있는 최대금액은?

① ₩20,000　　　　　② ₩23,000　　　　　③ ₩25,000

④ ₩27,000　　　　　⑤ ₩30,000

풀이 불확실성하의 의사결정 – 비용표, EVPI

(1) 비용표 작성

| | 상 황 | | |
대 안	S_1 : 공정 정상 (0.4)	S_2 : 공정 비정상 (0.6)	기대비용*2
a_1 : 조사	₩50,000	₩200,000*1	₩140,000
a_2 : 비조사	0	300,000	180,000

*1 50,000 + 150,000 = ₩200,000

*2 기대비용

　　$E(a_1) = 50{,}000 \times 0.4 + 200{,}000 \times 0.6 = ₩140{,}000 \rightarrow$ 최적

　　$E(a_2) = \quad\; 0 \times 0.4 + 300{,}000 \times 0.6 = ₩180{,}000$

(2) EVPI 계산

기존정보하의 기대비용		₩140,000
완전정보하의 기대비용	$0 \times 0.4 + 200{,}000 \times 0.6 =$	120,000
완전정보의 기대가치(EVPI)		**₩20,000**

정답 ①

POINT 차이조사결정

(1) 공정이 정상인지에 대한 조사 여부 의사결정

(2) 비용표 작성

| | 상 황 | | |
대 안	S_1 : 공정 정상 $P(S_1)$	S_2 : 공정 비정상 $P(S_2)$	기대비용
a_1 : 조사	조사비용	조사비용 + 수정비용	작은 것이
a_2 : 비조사	-	비조사에 따른 손실	유리함

(3) 완전정보의 기대가치(EVPI) : 완전정보를 이용한다고 가정할 경우 감소하는 기대비용

> EVPI = 기존정보하의 기대비용 - 완전정보하의 기대비용

TOPIC 17 | 가격결정과 대체가격결정

문제 70

㈜한국은 사업부 X, Y를 보유하고 있으며, 각 사업부를 이익중심점으로 운영하고 있다. 사업부 X는 부품 A를 생산하여 외부시장에 판매하거나 내부대체하고, 사업부 Y는 부품 A를 외부시장에서 구입하거나 내부대체받아 이를 조립하여 완제품을 생산하고 있다. 두 사업부의 수익 및 원가자료는 다음과 같다.

완제품의 단위당 판매가격	₩220
부품의 단위당 시장가격	150
사업부 X의 단위당 변동원가	100
사업부 Y의 단위당 추가가공원가	80

사업부 X는 부품 A를 10,000개 생산할 수 있는 능력을 보유하고 있으며, 부품 A의 단위당 판매가격을 시장가격 ₩150으로 유지하여 외부시장에 9,000개를 판매하거나, 단위당 판매가격을 ₩2 인하한 ₩148으로 책정하여 외부시장에 10,000개를 판매할 수 있는 기회를 가지고 있다. 최근 회의를 위하여 본사를 방문한 사업부 X의 경영자는 사업부 Y의 경영자로부터 부품 A 1,000개를 내부대체해 달라는 제안을 받았다. 이 때 사업부 X의 경영자가 내부대체를 허용할 수 있는 최소대체가격은 얼마인가?

① ₩112　　　　　　② ₩120　　　　　　③ ₩130

④ ₩148　　　　　　⑤ ₩150

··

풀이 공급사업부의 최소대체가격

$$\text{최소대체가격}: \underbrace{100}_{\text{@증분지출원가}} + \underbrace{\frac{10,000개 \times (148-100) - 9,000개 \times (150-100)^*}{1,000개}}_{\text{@기회원가}} = @130$$

* 포기되는 외부판매부품의 총공헌이익

정답 ③

POINT 공급사업부의 최소대체가격

공급사업부가 대체를 허용할 수 있는 단위당 최소판매가격

$$\text{최소대체가격} = \text{단위당 증분지출원가} + \text{단위당 기회원가}$$

$$= \frac{\text{총증분지출원가}}{\text{총대체수량}} + \frac{\text{총기회원가}}{\text{총대체수량}}$$

구 분	내 용
단위당 증분지출원가	사내대체부품의 단위당 변동원가를 의미하나, 대체 시 고정원가가 증가하는 경우에는 고려하여야 함
단위당 기회원가	포기되는 외부판매부품의 단위당 공헌이익을 의미하나, 총대체수량과 포기되는 외부판매량이 서로 다른 경우에는 포기되는 외부판매부품의 총공헌이익을 총대체수량으로 나누어 계산함 → 유휴생산능력이 부족한 경우에만 발생함

㈜한국은 분권화된 사업부 X, Y를 보유하고 있으며, 각 사업부를 이익중심점으로 운영하고 있다. 사업부 X는 부품을 생산하여 외부판매 또는 내부대체하고, 사업부 Y는 부품을 조립하여 완제품을 생산 및 판매한다. 사업부 Y는 사업부 X에서 생산하는 것과 유사한 부품을 외부시장에서 단위당 ₩3,000에 구입할 수 있으며, 외부구입부품을 사용할 경우에는 내부대체부품을 사용할 경우보다 완제품 단위당 추가가공원가가 ₩200 더 적게 발생한다. 사업부 Y가 생산하는 완제품 한 단위는 부품 한 단위를 필요로 한다. 사업부 Y의 수익 및 원가자료는 다음과 같다.

완제품 단위당 판매가격	₩4,000
완제품 단위당 추가가공원가(내부대체부품)	500
완제품 단위당 추가가공원가(외부구입부품)	300

사업부 Y가 내부대체를 허용할 수 있는 최대대체가격은 얼마인가?

① ₩2,500   ② ₩2,800   ③ ₩3,000

④ ₩3,200   ⑤ ₩3,500

풀이 수요사업부의 최대대체가격

[흐름도]

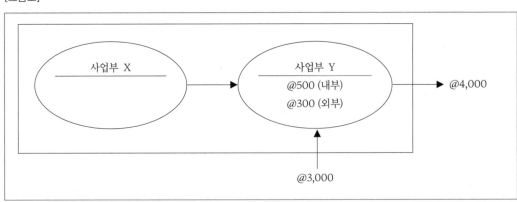

최대대체가격 : Min $\left[\begin{matrix} @2,800 \\ 4,000 - 500 = @3,500 \end{matrix}\right]$ = **@2,800**

* 대체가격 + 500 = 3,000 + 300   ∴ 대체가격 = @2,800
  사내대체 시 총원가 외부구입 시 총원가

정답 ②

POINT 수요사업부의 최대대체가격

수요사업부가 대체를 허용할 수 있는 단위당 최대구입가격

$$최대대체가격 = Min \begin{cases} (추가가공원가 \ 차이금액을 \ 조정한) \ 외부구입가격 \\ 최종판매가격 - 대체 \ 시의 \ 추가가공원가와 \ 판매비(부품의 \ NRV) \end{cases}$$

추가가공원가 차이금액을 조정한 외부구입가격은 다음의 등식을 만족시키는 대체가격(x)임

$$\underbrace{대체가격(x) + 사내대체 \ 시의 \ 추가가공원가}_{사내대체 \ 시 \ 총원가} = \underbrace{외부구입가격 + 외부구입 \ 시의 \ 추가가공원가}_{외부구입 \ 시 \ 총원가}$$

㈜한국은 분권화된 사업부 X, Y를 보유하고 있으며, 각 사업부를 이익중심점으로 운영하고 있다. 사업부 X는 매년 사업부 Y가 필요로 하는 부품 200개를 단위당 ₩20,000에 대체하고 있었다. 동 부품의 단위당 변동원가는 ₩15,000이며 단위당 고정원가는 ₩3,000이다. 최근 사업부 X가 부품 단위당 대체가격을 ₩24,000으로 인상할 계획을 발표함에 따라, 사업부 Y는 동 부품을 외부시장으로부터 단위당 ₩20,000에 구매하는 것을 고려 중이다. 사업부 Y가 외부시장으로부터 부품을 구매한다면 사업부 X는 설비를 다른 생산활동에 사용하여 운영원가를 절감할 수 있다고 한다. 만일 사업부 Y가 부품 200개를 외부시장으로부터 구매할 경우, ㈜한국의 영업이익이 기존에 비해 연간 ₩200,000만큼 증가한다면, 사업부 X가 비대체 시 설비를 다른 생산활동에 사용하여 절감할 수 있는 연간 운영원가는 얼마인가?

① ₩600,000 ② ₩800,000 ③ ₩1,200,000

④ ₩1,400,000 ⑤ ₩2,000,000

풀이 기업전체관점 – 추정

(1) 최소대체가격 추정(기업전체관점 풀이 이용)

유휴생산능력 부족	최소대체가격		최대대체가격		기업전체관점
	@21,000[*2]	>	@20,000		비대체가 유리 (@1,000[*1])

*1 비대체 시 200,000 ÷ 200개 = @1,000 유리
*2 역산(20,000 + 1,000 = @21,000)

(2) 연간 운영원가 절감액 = x,

최소대체가격 : $15,000 + \dfrac{x}{200개} = @21,000$ ∴ x = **₩1,200,000**

　　　　　　　　　　@증분지출원가　@기회원가

정답 ③

POINT 기업전체관점

최소대체가격	비 교	최대대체가격	기업전체관점[*1]	대체가격의 범위[*2]
×××	<	×××	대체가 @(최대TP − 최소TP)만큼 유리	최소TP ~ 최대TP
×××	>	×××	비대체가 @(최소TP − 최대TP)만큼 유리	존재하지 않음

*1 실제대체가격에 관계없이 성립함
*2 대체거래가 이루어질 수 있는 가격범위임

㈜한국의 공급사업부가 소재하는 국가의 법인세율은 20%이고, 수요사업부가 소재하는 국가의 법인세율은 30%이다. 공급사업부가 생산하는 제품 A의 단위당 변동원가는 ₩12,000이고, 단위당 고정원가는 ₩8,000이다. 공급사업부는 제품 A의 외부판매시장이 없으며, 생산량 전량을 수요사업부에 대체하고 있다. 수요사업부는 동일 국가에 소재하는 다른 회사로부터 제품 A를 단위당 ₩14,000에 구입할 수 있다. 만일 각 국가의 세무당국이 대체가격의 범위 내 가격만을 정당한 대체가격으로 인정한다고 한다면, ㈜한국의 세후이익을 극대화하기 위한 제품 A의 단위당 대체가격은 얼마인가?

① ₩8,000　　　　　　② ₩12,000　　　　　　③ ₩14,000

④ ₩16,000　　　　　　⑤ ₩20,000

풀이 대체가격의 범위, 다국적기업의 대체가격결정

(1) 대체가격의 범위

	최소대체가격	최대대체가격	대체가격의 범위
유휴생산능력 충분	12,000 + 0 = @12,000	@14,000	@12,000 ~ @14,000
	@증분지출원가 @기회원가	@외부구입가격	

(2) 다국적기업의 대체가격결정

공급사업부의 법인세율이 더 낮으므로 대체가격이 클수록 기업전체가 부담하는 법인세가 최소화(세후이익이 최대화)된다. 따라서 대체가격의 범위 중 가장 큰 **최대대체가격 ₩14,000으로 대체가격을 결정**한다.

정답 ③

POINT 다국적기업의 대체가격결정

대체가격과 관계없이 대체 시 기업전체의 세전이익은 일정함 → 기업전체가 부담하는 법인세가 최소화(세후이익이 최대화) 되도록 대체가격을 결정 → 법인세율이 낮은 국가에 소재하는 사업부의 세전이익이 최대화 되도록 대체가격을 결정

구 분	내 용
공급사업부의 법인세율이 더 낮은 경우	대체가격이 클수록 공급사업부의 세전이익이 증가하여 기업전체가 부담하는 법인세가 최소화(세후이익이 최대화) 됨
수요사업부의 법인세율이 더 낮은 경우	대체가격이 작을수록 수요사업부의 세전이익이 증가하여 기업전체가 부담하는 법인세가 최소화(세후이익이 최대화) 됨

문제 74

전략적 원가관리기법 중 활동기준경영(ABM)에 대한 다음 설명 중 가장 올바르지 않은 것은?

① 필요할 때마다 필요량만큼 획득하는 자원은 유동자원이라 하고, 최소 획득단위가 존재하여 일정크기로 획득해야 하는 자원은 계약자원이라고 한다.

② 유동자원은 미사용 능력이 존재하지 않으나 계약자원은 미사용 능력이 존재할 수 있다.

③ 고객서비스활동의 주간 활동원가가 ₩3,000,000이고, 획득된 능력(자원)이 25명(1인당 주간 근무시간 40시간)이며, 고객서비스를 요청한 고객 수가 주간 200명(1인당 평균 요청건수는 2건이고, 1건당 평균 소요시간은 2시간임)인 경우 주간 미사용 능력원가는 ₩750,000이다.

④ 비부가가치활동은 고객입장에서 불필요한 활동으로서 검사, 이동, 대기, 저장 등이 대표적인 예시이다.

⑤ 비부가가치원가는 비부가가치활동의 모든 원가와 부가가치활동을 비효율적으로 수행한 것과 관련하여 발생한 원가를 말한다.

풀이 활동기준경영 – 미사용 능력원가, 비부가가치원가

(1) 미사용 능력

<고객서비스>

획득된 능력 → 25명 × 40시간 = 1,000시간(고정활동원가 : ₩3,000,000)

사용된 능력 → 200명 × 2건 × 2시간 = 800시간

미사용 능력 → 1,000시간 – 800시간 = 200시간

(2) 미사용 능력원가 : 200시간 × 3,000* = **₩600,000**

* 획득된 능력 단위당 원가 : $\dfrac{3,000,000}{1,000시간}$ = @3,000

정답 ③

POINT

1. 활동기준경영 - 활동자원소비모형(ARU)

   (1) 유동자원과 계약자원

구 분	유동자원	계약자원
의 의	필요할 때마다 필요한 만큼 즉시 획득할 수 있는 자원	필요할 때마다 필요한 만큼 즉시 획득할 수 없는 자원 • 최소 획득 단위가 존재 • 사람, 기계와 관련된 자원
미사용 능력	존재하지 않음	존재함

   (2) 미사용 능력

   > 미사용 능력 = 획득된 능력 - 사용된 능력

   (3) 미사용 능력원가

   > 미사용 능력원가 = 미사용 능력 × 획득된 능력 단위당 원가

   $$획득된\ 능력\ 단위당\ 원가 = \frac{고정활동원가}{획득된\ 능력}$$

2. 활동기준경영 - 프로세스가치분석(PVA)

   (1) 원가를 절감하려는 목적에서 ① 활동분석 ② 원가동인분석 ③ 성과측정을 지속적으로 수행하여 활동 및 프로세스를 개선하려는 것

   (2) 부가가치활동과 비부가가치활동 : 부가가치활동은 고객가치를 증가시키는 활동이고, 비부가가치활동은 고객가치를 증가시키지 못하고 자원만 낭비하는 활동으로서 검사, 이동, 대기, 저장 등이 대표적인 예시임

   (3) 부가가치원가와 비부가가치원가

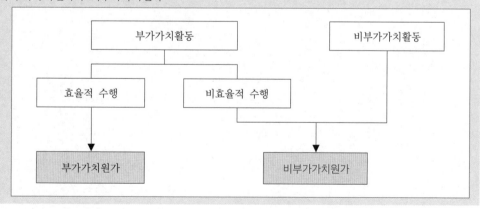

전략적 원가관리기법 중 제품수명주기원가계산, 목표원가계산, 카이젠원가계산에 대한 다음 설명 중 가장 올바르지 않은 것은?

① 제품수명주기원가계산은 제조이전단계에서 대부분의 원가가 확정된다는 인식을 토대로 제조이전단계에서의 원가절감노력을 강조한다.

② 목표원가계산은 제품수명주기원가계산과 마찬가지로 제조이전단계에서의 원가절감노력을 강조한다.

③ 카이젠원가계산은 표준원가계산과 마찬가지로 제조단계에서의 원가절감을 강조한다.

④ 목표원가계산은 제조이전단계에서의 소폭적이고 지속적인 원가절감에 초점을 두는 반면에 카이젠원가계산은 제조단계에서의 대폭적이고 혁신적인 원가절감에 초점을 둔다.

⑤ 원가절감에 대한 지식을 가장 많이 가지고 있는 자를 표준원가계산은 관리자라고 가정하고, 카이젠원가계산은 실작업자라고 가정한다.

풀이 제품수명주기 원가계산, 목표원가계산, 카이젠원가계산

④ 목표원가계산은 제조이전단계에서의 대폭적이고 혁신적인 원가절감에 초점을 두는 반면에 카이젠원가계산은 제조단계에서의 소폭적이고 지속적인 원가절감에 초점을 둔다.

정답 ④

POINT

1. **제품수명주기원가계산(LCC)**

   (1) 제품수명주기(제품이 고안된 시점부터 폐기되는 시점까지의 전체 단계) 동안 가치사슬 각 단계에서 발생하는 모든 원가를 제품별로 집계하는 원가계산

   (2) 유용성

   ① 제품별로 제품수명주기 동안의 모든 수익과 원가를 파악할 수 있으므로 제품의 수익성분석과 장기적 의사결정에 유용함

   ② 제조이전단계에서 대부분의 원가가 확정되므로 제조이전단계에서의 원가절감노력을 강조함

2. **목표원가계산(원가기획)**

   (1) 제조이전단계에서 목표가격으로부터 목표원가를 도출하고, 가치공학 등을 수행하여 목표원가를 달성하고자 하는 원가관리기법

   (2) 목표원가계산의 절차

   목표가격 결정 → 목표원가 결정 → 가치공학 등의 수행 → 예상원가가 목표원가를 달성하면 제품생산을 시작

   > 목표원가 = 목표가격 - 목표이익

   (3) 목표원가계산은 제품수명주기원가계산과 마찬가지로 제조이전단계에서의 원가절감노력을 강조함

3. **카이젠원가계산(개선원가계산)**

   (1) 제조단계에서 원가절감목표를 설정하고 이를 달성할 수 있도록 제조공정을 지속적으로 개선해 나가는 원가관리기법

   (2) 목표원가계산과 비교

구 분	목표원가계산	카이젠원가계산
적용시점	제조이전단계에서의 원가절감노력	제조단계에서의 원가절감
정 도	대폭적 절감	소폭적 절감
방 법	혁신적인 변화	지속적인 개선

   (3) 표준원가계산과 비교

구 분	표준원가계산	카이젠원가계산
공통점	제조단계에서의 원가절감	
원가절감지식	관리자가 가장 많이 안다고 가정	실작업자가 가장 많이 안다고 가정

㈜한국은 품질관련 활동원가를 예방원가, 평가원가, 내부실패원가 및 외부실패원가로 구분하고 있다. 다음은 20×1년 품질관련 활동원가를 집계한 자료이다.

제품보증수리활동	₩21,000
원재료 검사활동	11,000
공급업체평가활동	20,000
고객서비스센터활동	6,000
불량품 재작업활동	8,000
설비보수 및 유지활동	40,000
판매기회 상실로 인한 기회비용	18,000
제품시험활동	7,000
설계개선활동	10,000

20×2년 품질관련 활동원가가 20×1년과 동일할 것으로 예상되는 상황에서 20×2년에 예방원가를 20% 증가시킬 경우 내부실패원가가 50%, 외부실패원가가 40% 감소할 것으로 예상된다면 예방원가를 20% 증가시킬 경우 회사전체의 이익은 얼마나 증가하는가?

① ₩6,200　　　　　② ₩6,800　　　　　③ ₩7,400

④ ₩8,000　　　　　⑤ ₩8,800

· ·

풀이 품질원가, 품질개선여부 의사결정

예방원가	공급업체평가활동 ₩20,000 + 설비보수 및 유지활동 ₩40,000 + 설계개선활동 ₩10,000 = ₩70,000
평가원가	원재료 검사활동, 제품시험활동
내부실패원가	불량품 재작업활동 ₩8,000
외부실패원가	제품보증수리활동 ₩21,000 + 고객서비스센터활동 ₩6,000 + 판매기회 상실로 인한 기회비용 ₩18,000 = ₩45,000

[예방원가 20% 증가 시 증분이익]

관련항목	금 액	계산내역
(-) 예방원가 증가	(14,000)	= 70,000 × 20%
(+) 내부실패원가 감소	4,000	= 8,000 × 50%
(+) 외부실패원가 감소	18,000	= 45,000 × 40%
	₩8,000	

정답 ④

POINT 품질원가계산

1. 품질원가(COQ)

   제품의 품질은 설계품질과 적합품질로 구분할 수 있는데, 품질원가는 불량품과 관련된 모든 원가(기회원가 포함)로서 적합품질과 관련된 것임

2. 품질원가 종류

종류		의의	예시
통제원가	예방원가	불량품 발생을 예방하는 것과 관련된 원가	품질엔지니어링(품질개선), 설계엔지니어링(설계개선), 공정엔지니어링(공정개선), 품질교육, 공급업체평가, 생산설비의 유지보수
	평가원가	불량품을 적발하는 것과 관련된 원가	원재료검사, 재공품검사, 제품검사, 제품시험, 검사설비유지, 현장 및 라인검사
실패원가	내부실패원가	불량품이 고객에게 인도되기 전에 발견된 것과 관련된 원가	공손, 재작업(재작업 후 재검사 포함), 작업폐물, 작업중단
	외부실패원가	불량품이 고객에게 인도된 후에 발견된 것과 관련된 원가	반품(반품의 재작업 및 재검사 포함), 고객지원, 보증수리, 손해배상, 제조물책임, 판매기회상실에 따른 기회원가

3. 품질원가 최소화관점

구분	내용
허용가능품질관점	• 품질원가를 최소화하기 위해서 어느 정도의 불량률은 허용되어야 한다는 관점(전통적인 관점) • 통제원가와 실패원가 사이에는 상충관계(상반관계)가 존재한다고 봄
무결점관점	• 품질원가를 최소화하기 위해서 불량률이 0이 되어야 한다는 관점 • 통제원가와 실패원가는 불량률의 일정수준에서는 상충관계를 갖지만 통제원가를 증가시켜 불량률이 0에 가깝게 되면 통제원가와 실패원가가 함께 감소할 수 있다고 봄

4. 품질원가 시사점

   ① 품질원가를 최소화하기 위해서는 예방원가의 지출을 늘려서 평가원가와 실패원가를 감소(또는 통제원가의 지출을 늘려서 실패원가를 감소)시키는 것이 더 바람직함

   ② 품질원가의 종류별 바람직한 분포는 일반적으로 '예방원가 > 평가원가 > 내부실패원가 > 외부실패원가'의 순서임

전략적 원가관리기법 중 적시생산시스템과 제약이론에 대한 다음 설명 중 가장 올바른 것은?

① 적시생산시스템(JIT)은 짧아진 제품수명 및 제품의 다양성에 따라 증가하는 재고관련원가 등을 감소시키는 방안으로 유용하며, 초변동원가계산(throughput costing)을 사용하여 제품원가를 계산한다.

② 적시생산시스템(JIT)은 공장 내에 재고가 거의 없기 때문에 원재료계정을 별도로 철저하게 기록·관리해야 한다.

③ 적시생산시스템(JIT)을 도입하면 재고관련원가 중 일반적으로 주문원가는 증가하고 재고유지원가와 재고부족원가는 감소한다.

④ 제약이론(TOC)은 기업의 목표를 달성하는 과정에서 병목공정을 파악하여 이를 집중적으로 관리하고 개선해서 기업의 성과를 높이는 방법이다.

⑤ 병목자원의 관리를 중요시 하는 제약이론(TOC)은 효과성보다는 효율성을 강조한다.

풀이 적시생산시스템과 제약이론 - 서술형

① 적시생산시스템(JIT)은 짧아진 제품수명 및 제품의 다양성에 따라 증가하는 재고관련원가 등을 감소시키는 방안으로 유용하며, 역류원가계산을 사용하여 제품원가를 계산한다.

② 적시생산시스템(JIT)은 공장 내에 재고가 거의 없기 때문에 원재료계정을 별도로 기록·관리하지 않을 수도 있다(역류원가계산 사용).

③ 재고관련원가에는 주문원가, 재고유지원가, 재고부족원가가 있는데, 적시생산시스템(JIT)을 도입하면 재고관련원가 중 일반적으로 주문원가와 재고부족원가(재고품절로 인한 공헌이익 상실액 등)는 증가하고, 재고유지원가(재고투자에 대한 자본비용 등)는 대폭 감소한다.

⑤ 병목자원의 관리를 중요시 하는 제약이론(TOC)은 효율성보다는 조직전체의 효과성을 강조한다(집중개선 프로세스 5단계 중 3단계 제약요인에 종속 참조).

정답 ④

POINT

1. 재고관련원가

> 재고관련원가 = 주문원가 + 재고유지원가 + 재고부족원가

2. 적시생산시스템(JIT)

(1) 필요한 제품을 적시에 적량만큼 생산하는 관리시스템

(2) JIT가 원가계산제도에 미치는 영향
   ① 원가의 추적가능성 향상
   ② 개별원가계산에서 종합원가계산으로의 전환
   ③ 원가흐름가정 및 완성품환산량의 중요성 감소
   ④ 회계처리의 단순화 : 역류원가계산(회계처리를 일부 생략하여 단순화한 원가계산) 사용

(3) JIT 도입여부 의사결정

> JIT 도입 시 : 주문원가 증가, 재고유지원가 대폭 감소, 재고부족원가 증가

재고유지원가 : 재고투자에 대한 자본비용 등
재고부족원가 : 재고품절로 인한 공헌이익 상실액 등

3. 제약이론(TOC)

(1) 제약요인을 파악하고, 집중적으로 개선하여 기업의 성과를 향상시키려는 이론

(2) 집중개선 프로세스 5단계

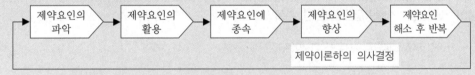

㈜한국은 연속된 공정 A와 B를 거쳐서 완제품을 생산한다. 완제품의 단위당 판매가격은 ₩500이다. 직접재료원가 이외의 운영비용은 모두 고정원가로 간주한다. 20×1년에 공정별 생산 및 원가자료는 다음과 같다.

	공정 A	공정 B
연간 생산능력	4,000단위	3,000단위
연간 생산량	3,000단위	3,000단위
단위당 직접재료원가	₩100	₩100
연간 고정운영원가	₩600,000	₩150,000

㈜한국은 공정 B의 종료단계에서 품질검사를 실시한다. 당기 중에 공정 B에서 불량품 200단위가 생산되었다면, 불량품 200단위로 인해 발생하는 총손실은 얼마인가? (단, ㈜한국은 재고자산을 보유하지 않으며, 불량품은 전량 폐기된다.)

① ₩20,000　　　　　　② ₩40,000　　　　　　③ ₩60,000

④ ₩100,000　　　　　　⑤ ₩120,000

풀이 제약이론 - 불량품으로 인한 손실

[공정 B에서 불량품 발생 시 증분이익]

관련항목	금 액	계산내역
(-) 매출액 감소*	(100,000)	= 200개 × 500
	₩(100,000)	

* 직접재료원가 증가 200개 × 200 = ₩40,000과 재료처리량 공헌이익 감소 200개 × (500 - 200) = ₩60,000으로 구분하여 계산하여도 된다.

> **별해**
>
> 불량품으로 인해 발생하는 총손실이란 불량품의 관련원가를 의미한다.
>
> 불량품의 관련원가 : 200개 × {200　+　(500 - 200)} = **₩100,000**
> 　　　　　　　　　　　　　　 @증분지출원가　 @기회원가
>
> [공정 B에서 불량품 200개가 발생하면, 불량품으로 인해 직접재료원가가 200개만큼 더 발생할 것이고(불량품의 증분지출원가), 공정 B는 생산능력의 여유가 없으므로 판매량이 200개만큼 감소할 것이다(불량품의 기회원가).]

정답 ④

POINT 제약이론 - 쓰루풋 회계(현금창출률 회계)

직접재료원가만을 변동원가로 보고, 나머지 모든 원가(직접노무원가, 제조간접원가, 판매관리비)는 고정원가로 간주함

(1) 운영지표

> 재료처리량 공헌이익 = 매출액 - 직접재료원가
> 재고(투자) = 설비 등 투자액 + 재고자산 투자액
> 운영비용 = 직접노무원가 + 제조간접원가 + 판매관리비

(2) 제약이론의 목적 : 재료처리량 공헌이익 증가, 재고(투자) 및 운영비용 감소

(3) 쓰루풋 회계에 의한 원가계산방법 : 초변동원가계산

㈜한국은 연속된 공정 A와 B를 거쳐서 제품을 생산한다. 제품의 단위당 판매가격은 ₩5,000이며, 제품의 수요는 무한하다. 직접재료원가 이외의 운영비용은 모두 고정원가로 간주한다. 20×1년에 공정별 생산 및 원가자료는 다음과 같다.

	공정 A	공정 B
연간 최대생산능력	50,000개	60,000개
단위당 직접재료원가	₩1,000	₩500
연간 고정운영원가	₩5,000,000	₩3,000,000
공손률(투입량 기준)	4%	8%

공손은 모두 비정상공손으로서 각 공정의 종료 시점에서 발견된다. 공정 A의 공손률을 4%에서 2%로 낮추는데 연간 ₩3,600,000의 운영비용이 추가로 발생한다고 한다. 이러한 조치를 실행한다면 회사의 이익은 어떻게 변하는가? (단, ㈜한국은 재고자산을 보유하지 않으며, 공손품은 전량 폐기된다.)

① ₩500,000 감소　　② ₩500,000 증가　　③ ₩1,000,000 감소
④ ₩1,000,000 증가　　⑤ 변화 없음

풀이 제약이론하의 의사결정

[흐름도]

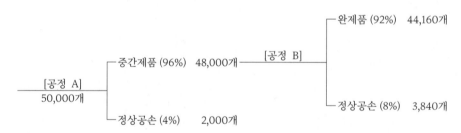

[공정 A의 공손률 감소 시 증분이익]

관련항목	금 액	계산내역
(+) 매출액 증가	4,600,000	= 50,000개 × (4% − 2%) × 92% × 5,000
(−) 직접재료원가 증가(B)	(500,000)	= 50,000개 × (4% − 2%) × 500
(−) 운영비용 증가	(3,600,000)	
	₩500,000	

정답 ②

POINT 제약이론 – 제약이론하의 의사결정

(1) 제약요인의 능력을 향상시키는 방안을 실행할 것인지를 결정하는 의사결정

(2) 직접재료원가만이 변동원가이고 운영비용은 고정원가로 보고 의사결정을 함

(3) 제약요인의 능력을 향상시키기 위한 원가와 그로 인해 증가하는 재료처리량 공헌이익을 비교하여 재료처리량 공헌이익이 원가보다 크면 방안을 실행함(복잡한 경우라면, 재료처리량 공헌이익을 매출액과 직접재료원가로 분리하여 파악하도록 함)

문제 80

균형성과표에 대한 다음 설명 중 가장 올바른 것은?

① 균형성과표는 조직의 수익성을 최종적인 목표로 설정하기 때문에 4가지 관점의 성과지표 중에서 학습과 성장 관점의 성과지표를 가장 중시한다.

② 균형성과표에서 전략에 근거하여 도출한 비재무적 성과측정치는 재무적 성과측정치의 후행지표가 된다.

③ 학습과 성장 관점은 내부프로세스 관점, 고객 관점 및 재무적 관점의 후행지표이고, 내부프로세스 관점은 고객 관점 및 재무적 관점의 후행지표이며, 고객 관점은 재무적 관점의 후행지표이다.

④ 균형성과표는 대학교나 정부기관과 같은 비영리조직에는 적용할 수 없다.

⑤ 균형성과표의 균형(balance)이란 용어는 재무와 비재무적 관점, 단기와 장기, 내부와 외부, 선행과 후행지표 그리고 객관과 주관적 측정치를 동시에 활용할 것을 강조하는 개념이다.

- -

풀이 균형성과표

① 균형성과표는 조직의 수익성을 최종적인 목표로 설정하기 때문에 4가지 관점의 성과지표 중에서 재무적 관점의 성과지표를 가장 중시한다.

② 균형성과표에서 전략에 근거하여 도출한 비재무적 성과측정치는 재무적 성과측정치의 선행지표가 된다(또는 균형성과표에서 전략에 근거하여 도출한 재무적 성과측정치는 비재무적 성과측정치의 후행지표가 된다).

③ 학습과 성장 관점은 내부프로세스 관점, 고객 관점 및 재무적 관점의 선행지표이고, 내부프로세스 관점은 고객 관점 및 재무적 관점의 선행지표이며, 고객 관점은 재무적 관점의 선행지표이다.

④ 균형성과표는 대학교나 정부기관과 같은 비영리조직에도 적용할 수 있다.

정답 ⑤

POINT 균형성과표(BSC)

1. 의의

조직의 비전과 전략을 네 가지 관점에 의한 성과측정치로 구체화하고, 재무적 측정치와 비재무적 측정치를 균형 있게 사용하여 전략이 얼마나 잘 실행되었는지를 평가하기 위한 전략적 성과평가시스템

2. 네 가지 관점

관 점	내 용
재무적 관점	재무적 성과를 측정하는데 순이익, 투자수익률, 잔여이익, 경제적 부가가치 등의 지표가 사용됨(영리기업은 조직의 수익성을 최종적인 목표로 설정하기 때문에 네 가지 관점의 성과지표 중에서 재무적 관점의 성과지표를 가장 중시함)
고객 관점	고객만족에 대한 성과를 측정하는데 고객만족도, 신규고객확보율, 기존고객유지율, 고객수익성, 시장점유율, 반복구매정도 등의 지표가 사용됨
내부프로세스 관점	기업내부의 업무가 효율적으로 수행되는 정도를 의미하는데 불량률, 작업폐물, 재작업율, 수율, 납기, 생산처리시간 등의 지표가 사용됨
학습과 성장 관점	기존의 프로세스와 제품에 만족하지 않고 기술 및 제품의 혁신적인 발전을 추구하는 정도를 의미하는데 종업원만족도, 종업원 이직률, 종업원 1인당 사내훈련시간 등의 지표가 사용됨

3. 인과관계와 전략지도

(1) 비전과 전략과의 연계 및 네 가지 관점의 인과관계

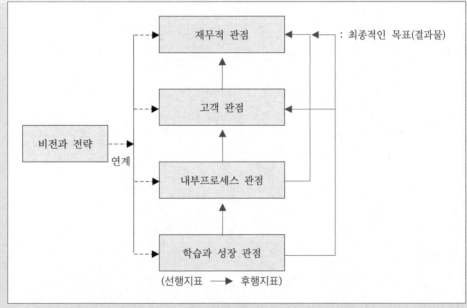

비재무적 성과지표는 재무적 성과지표의 선행지표임

(2) 전략지도(전략체계도)

균형성과표의 다양한 성과지표 간의 인과관계를 통하여 조직의 전략목표 달성과정을 제시하는 성과지표의 체계도

해커스 감정평가사 파이널 1차 회계관리학
PART 2 관리회계

4. 전략의 구체화와 의사소통

균형성과표는 핵심성과지표(Key Performance Indicators, KPI)를 설정하고, 조직구성원들은 전략 달성을 위한 의사소통 수단으로 핵심성과지표를 사용함

5. 장점

(1) 기업의 비전 및 전략과 연계하여 성과평가를 할 수 있음

(2) 재무와 비재무적 관점, 단기와 장기 관점, 외부와 내부 관점, 후행과 선행지표, 객관과 주관적 측정치 간의 균형을 추구함